灣麗

陳曦——著

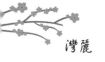

推薦序一

純真值得我們追尋

林熙

一日，我的LINE出現了這個訊息——「林熙，我要出書，爲我寫序吧！因爲你是看過我文章中最常回饋意見的人，自然最懂我，先謝了。」

頓時，不知該如何回應，一來，固然本身也算是愛書者，但提筆書文，自知另是一層次，深怕壞了讀者對此書的興致。二來，書中每篇讀來，自然被喚醒的小時候記憶，畫面清晰，彷彿走入時光隧道，那種感覺又很實在，我輩中年如斯，「分享」確實是一件自娛娛人的好事，是以，野人獻曝，但求「分享」圓滿。

竈。在六、七年級生而言，恐怕印象已模糊，對八年級後而言，形如古物，難得一見，更遑論有感，但對五年級前段班的人而言，卻深感其對家庭生活所扮演角色之重之要，從煮飯、炒菜到燒熱水，是我們生活的守護神！

鉛桶。這玩意兒，更是早已被人遺忘了，這個孩提時的澡盆，也是供以盛裝佳餚點心給左右鄰居幫忙農作享食的最佳容器！此物，大概也儘存於鄉下辦桌總鋪師的運用工具了。

醫藥袋。這更是失傳已久，恐怕五年級生也所知甚微，至今已絕跡，也許谷歌搜尋引擎夠力，可以找到一些蛛絲馬跡。

今幸得陳曦文字，把兒時的模糊記憶一一串起，透過她的生花妙筆，人物的鋪陳排比，每每讀來無不令人沉浸想像的自我陶醉中，是的！科技的飛速發展，物質過剩的年代如今，人與人之間的距離也變得更陌生，什麼是純眞？每個世代各自不同，但「純眞」值得我們一再追尋追求。

陳曦，繼續航行於奧妙的文字書海吧！

推薦序二

人生詩篇風華秀麗

黃慧文

印象中的陳是一位極其聰慧的女子。能力佳、也絕頂聰明任何事都難不倒她，在教育界頗負盛名。和她的情誼是從同學年開始，那個年代大家都被分配到了一些行政工作，舉凡學年的活動、課間舞的編排在她點子王帶領下，大大小小的事都迎刃而解。她也總是極其用心的爲大家解決問題，和她同學年的歲月是自己教書生涯中最值得回味的一段時光，那種當時並肩作戰、同仇敵愾的革命情感深繫於心。

她也是一位老饕級的人物，除了知道哪裡的食物好吃外、更燒的一手好菜。而對於旅遊更有絕佳的敏銳度，總爲大家安排好玩又值回票價的旅遊，這是身爲她的朋友最大的幸福。

有能力的人是不會寂寞的，她也早早就被拔擢爲主任，在校務的推動上也不餘遺力，辦了好多全國性的活動。其實以她的能力是可更勝任爲校長的，但因家庭的考量，她沒有繼續往校長之路邁進，這是朋友們爲她婉惜的地方，但她還是繼續的在自己生命的軌道上發光發熱。

她的語文才華更是有目共睹，在閱讀、朗誦和作文上，指導學生更是屢有佳績，造福了很多莘莘學子。因爲熱心公益，對於弱勢族群的學生也總是想方設法爲他們爭取福利。

退休後因緣際會欣聞她有出書的計劃，也感佩她又拓展了自己的生命版圖，把自己的風華藉由文字來感動人心。

《灣麗》一書中，總共分了四輯，敘述了在生命的沙河中，自己童年歡笑與淚水編織而成不可磨滅的記憶。及在從小生長的純樸鄉野小鎮，所感受花草植物、大自然間的點滴，描繪的鉅細靡遺。而和父親之間令人動容的親情，也因爲父親的身行教化，影響了自己一生的品格與行事，藉由文字感念與思憶父親。而在生命的詩篇中，曾經相遇與牽絆的人所留下的雪泥鴻爪，都是自己難忘的曾經。

作者以她極其細膩的筆觸，完成了這一本著作，一本感動人心的作品。
謹以此序祝福好友的出書。也謝謝她在自己的生命中所留下的波光瀲影！

灣麗

自序

陳曦

灣麗，多麼清秀舒心的地方。依山傍海的小村落，向海，是蜿蜒綿長的沙灘海灣，清晨有徐徐的海風吹拂，傍晚落日餘暉映照海面，金光暈紅的天際，彩霞滿天，層層疊疊的海浪捲起粼粼的波光，如此溫雅的海韻足以洗滌心靈間的凡塵；背倚起伏的山丘，有著肥沃的耀眼紅土，種植藺草成就帽蓆之鄉，居民以此窯燒製磚，建造許許多多發思古幽情的紅磚瓦房，讓這寂靜的山城，有著淡泊雅緻的藝術氣息。

灣麗的河水，灌溉了祖父的田地，育養了我的父親；山林小路蓊鬱青翠，鷹旋鳥鳴，那兒有父親挑薪砍柴的足跡；海邊沙灘，舢舨船隻停靠處，有父親挑選魚貨的身影；灣麗街上，圓鼓鼓的鯊魚丸在熱鍋中翻滾，是父親最喜愛的平民美食。這藍海綠林的小鎮，純樸的風情，豐富的人文，是父親的故鄉。這如詩似畫的浪漫地名，有著璀璨清亮的音調，每喊一次，心中就泛起一抹希望，憶起許多兒時的鄉情，浮現難忘的人事物，更懷念與父親共同生長於此的點點滴滴。

一甲子的歲月，究竟有多少的故事使人雋刻於心？午夜夢迴總會有幾許偶然飛進腦海的前塵往事。試著將他書寫記錄，爲自己的生命詠頌，儘管音韻悲喜交織，但人生如歌，就眞眞切切的哼一曲吧！此書名爲「灣麗」，以此感念父親一輩子爲妻女辛勤奮鬥的恩情，同時也希望自己能勇敢面對人生的急轉彎，進而能有所體悟，在迴轉的人生海「灣」處，遇見秀「麗」無垠的風景。

目錄

第一輯　童年二三

童年是一條河，
一條生命的沙河，
河水緩慢流淌，
交織成一幕幕的紅塵，
似幻滅卻真實的存在過。
命中註定你是誰，
逃不過就不掙脫，
以溫雅的守候與期待，
雨後天際的那抹彩虹。

童年河

門前的那條小河，承載著兒時的歲月，是生命的沙河，河水緩慢流淌，無法將悲傷心愁湍急入海；流水激盪澎湃，又倏地將童年的純眞化爲幻沫。這河，藏著祕密，孕著故事，湧著清泉，也隱著暗流，雖是一條無名的河，水花亦能輕輕的擊動著心房，喚起那些人，憶起那些事。

這條童年的河亦是戲法師，有著各式各樣的本領，讓人盡往他的身旁竄。夏季，河水清澈見底，嘩啦嘩啦的水流裡，有著成群的大肚魚嬉戲其間，小腳丫才剛踩進他們的地盤，只見靈巧的隊伍閃電似的向四方散去，接著小蝦蟹將上場張螯示威，膽小的孩兒立刻急急撤退，然而頑皮的小孩仍然咧著嘴，以訓練有素的野手緝捕使勁揮舞銳爪的蝦蟹，接著躍奔上河岸，野腳赤足田埂，裝腔作勢嚇唬那晃著辮子慌亂而逃的丫頭，捉弄者笑聲狂傲，惹得尖叫聲四起，而那條河總慣性的竊笑著，淙淙的聲息不曾停歇。直到晚風歸來，小河收起戲法，望著新月訴說細語，輕輕柔柔的化身爲鏡，鏡花水月相擁入眠。

每當河水清淺之際，成群結隊的赤腳部隊，沿著河沙尋寶，以腳探訪河蜆的藏身基地，五指化爲潛沙鏡頭，將隱身沙泥的寶石，一一撈起後拉起衣角盛捧，顆顆金黃的河蜆沉著不動亦無言，靜靜相互依偎在濕軟的衣篷裡，望著飽滿的河蜆，小孩子們掛著勝利的笑靨，小心翼翼的跨上河岸，深怕腹前所捧的蜆輩會瞬間張足逃逸。濕漉漉的衣裳邊行邊泣，淚珠汨汨滾落，不知，那是否因河蜆的告別而泣涕？唯有小河知悉。而岸邊的青柳，輕輕的在河面上迴盪，圈出離別的漣漪，正舞演一齣離別曲。

夜深人靜，蛙鳴高亢，泥鰍甩尾，而被放生的烏龜好奇地巡視田水，蝌蚪怕生的躲在淺窪自成蛙域獨戲。河與月吟詩舞影，夏風吹拂，河輕輕的流淌，將睡著的星子緊緊的擁入懷裡守護，啊！小河蘊大愛。

甜蜜的滋味

冬日，每當開車經過烤甘蔗的攤位，總會刻意停下車買杯燒甘蔗汁，熱情的攤販一邊招呼著你，手卻不曾停歇，熟練的將一根根紅甘蔗清洗、燒烤、削皮、榨汁、煮沸，經過這些繁複的手續，方能得到手中這杯溫熱帶著燒烤風味的甜蜜。它能潤喉生津，更讓人回想起那段與蔗田為伍的難忘歲月。

小時候的家就在田中央，除了爸爸堅持種稻米之外，鄰居幾乎全與糖廠簽約改種白甘蔗。這些製糖用的主角，瘦瘦長長的甘蔗一根根佇立著，狹長葉片像甘蔗的一頭亂髮，髮梢的邊緣是細細的鋸齒，一不小心手可會被割傷。我的書桌面對著窗，窗外就是一片茂密的甘蔗園，白天的時候放眼望去，穿著淺綠色外衣的甘蔗，像軍人直挺挺的站立著，偶爾也會發現幾根倒斜伏地再站起的彎鉤甘蔗，正奮力的與環境搏鬥向上生長；冬天的夜晚朔風四起，蔗田裡就會傳來陣陣窸窸窣窣的嘶吼，像是惡魔掙脫逃出了地心，正張牙舞爪想要吞噬膽小的孩童，讓人不禁猛起寒顫。

清晨的蔗田景色幻化萬千，風一吹來，蔗葉沙沙的聲音搭配竹林嘎嘎作響，而努力穿過的陽光，在地面上留下了一片蔗葉倩影，有幾分神似京都嵐山竹林祕境的幽靜；黑暗中的蔗田詭譎多變，濕濕冷冷的雨落入厚黑的泥土地，枝葉被風雨搖晃的惴惴不安，讓人猶如遁入千野千尋的魔域世界裡面。

當甘蔗長得粗壯肥美時，農人就會安排採收作物交給糖廠，收割的程序可得按部就班，才能省時省工並且順利的完成工作。首先，須將甘蔗先用繩子綑綁固定，再將甘蔗從根部掘起，接著割斷上方的繩子，甘蔗隨即應聲倒下。工人手腳俐落地將它們排列整齊，清除掉不需要的蔗葉、泥土及根部的鬚，綑綁之後把甘蔗堆放上板輪牛車。四輪板輪車的輪框與輪軸全由木片拼合而成，而挽車的黃牛，嘴被掛上了竹篾編成的牛嘴籠，這樣牠就不會因爲看見路旁肥美的作物，一時動心起念貪嘴啃食而耽擱了工作。

黃牛刻苦耐勞的拖著沉沉的甘蔗小山，沿著熟悉的鄉間農路前進。牛車走在跳動路面時，會發出喀拉喀拉的噪音，一輛輛的牛車以慢悠悠的節奏依序前進，就像是一列長長的火車，車廂與車廂之間由牛隻自行控管相連著。偶爾也會遇上牛蠻罷工，原地佇立不動耍起牛脾氣，這時車伕會先取下牛嘴籠餵食青草安撫牠，若牛隻繼續僵持不動，趕牛的人就會抽出鞭子伺候，牛被鞭打之後，又無可奈何的投降繼續往前進。

板輪車行進的速度很慢，小孩子們觀察入微，會躲在牛車行經路線的隱蔽處，伺機鬼鬼祟祟上前偷抽幾支甘蔗，再以迅雷不及掩耳的速度奔離犯案現場。

爲什麼要去偷抽甘蔗吃呢？這白甘蔗是要製糖用的，禁止偷吃。但是那個年代大部分人的家境都很拮据，小孩子可沒什麼零食可言，遇上甘蔗一牛車的景象，當然就會動動歪腦筋，即使白甘蔗的外皮堅硬如鐵片，卻能被我們的小牙尖兵成功劈解，這好不容易埋伏竊取得來的甘蔗，吃起來倍感清甜止渴。

其實趕著牛車的車伕也都心知肚明，每車都會被埋伏的小孩覬覦，他們總是睜一隻眼閉一隻眼，偶爾會對貪心偷抽太多支甘蔗的孩子作勢吆喝幾聲，極少會停下來追趕偷襲的小孩們，但是千萬別被糖廠的巡查人員看到，他的心一橫可會卯足勁兒來追你，被抓到是會被送進派出所的。因此，在甘蔗快採收之前，大家早就各自演練好一條妥當且安全的「逃生路線」呢！

有一次，村裡號稱甘蔗王的阿旺，一個下午就偷得了十幾支甘蔗，將它藏在祕密基地的稻草堆裡。當蔗田的運送工作已經停歇時，慷慨的邀請大家到他的祕密基地共享甘蔗，藉此展現一下甘蔗王封號的神威。這陣子大家雖然或多或少都已偷嚐到甘蔗的甜滋味，但總是不敢太明目張膽地大肆竊取，有了阿旺的相約，當然樂意前往盡情享受。

傍晚時分，阿旺家的稻草堆前聚集了左鄰右舍的小孩，大家各憑本事，靠著自己的鐵牙功啃掉青綠色的外皮，使出渾身解數嚙咬著纖維，使勁的搾出汁液，讓這甜滋滋的糖蜜從舌尖滑入腸胃。瞬間，幸福的滋味沁達全身的每個細胞。

正當大夥吃得喜孜孜時，內向的阿誠卻站在不遠之處，眼巴巴的看著滿嘴蔗渣的我們，阿旺招手示意邀他加入，可是他卻一動也不動的杵在那兒。看他抿著嘴猛吞起口水，應該是非常期盼也能啃上一截白甘蔗，享受一下樹頭鮮的味覺啊！可是無論大家如何熱烈的對他招手示意，他仍然文風不動，真搞不懂他的壺裡到底悶著什麼事兒。

大家開心的談笑，專注啃著白甘蔗，再奮力吐著甘蔗渣時，阿誠的媽媽從車站的那頭，蹬著高跟鞋搖搖擺擺地走來，她的花洋裝眞是耀眼，裙襬被微風輕輕吹起，像花海波浪飛舞著。

她牽起呆在一旁的阿誠，揚著聲喊：「走，回家，我們家裡有削好皮的紅甘蔗，又粗又甜又好啃，愛吃多少就有多少。我們是住樓ㄚ厝ㄟ人，不要做賊ㄚ去偷抽白甘蔗，離他們這些小賊仔遠一點，免得被當成是偷甘蔗的同夥一塊兒抓走，快，我們回家去邊看電視邊吃甘蔗，如果不愛吃紅甘蔗，要吃紅蘋果也有呢！」

她的高跟鞋發出ㄎㄧㄎㄧㄎㄚㄎㄚ的聲音，此時此刻頓時覺得倍感刺耳，她所踐踏過的泥面，還留下一坑一坑的細跟印子，好像也在對著大家炫耀示威，讓人渾身不舒暢。

阿旺赤腳循著鞋跟子印前進，一邊啃著甘蔗，一邊學著大人吐檳榔渣那樣噴著蔗渣，直到樓ㄚ厝的庭院前才停下腳步。

阿誠一進屋，她的媽媽刻意回頭向外瞟了一眼，又趕忙把門關緊緊，深怕我們這群野孩子會衝過去，死皮賴臉想進門討杯羹似的。那種鄙視嫌惡的眼神及苛薄的言語，想讓人忘懷也難。

此時，啜飲著手中溫溫熱熱的甘蔗汁，甜蜜的蔗香蘊藏著被柴火燻過的獨特風味，這豐富的味道與白甘蔗的滋味大異其趣，滋味在心裡發酵的程度也各具千秋。偷取甘蔗的往事又再度浮上心頭，兒時和童伴共同擁有過的豐功偉業，竟是如此深刻的印記在腦海裡。

至今仍忘不了趕牛車運送甘蔗的溫良丫伯，因爲有他們刻意的視而不見，這份獨特且珍貴的回憶才能被我們珍藏畢生，如蜜的陳釀仍在心海發酵著。

三十公分的思念

在童年的歲月裡，歷經無數的老師教導，其中一位專職唱遊的女老師，讓人留下點點滴滴難忘的回憶。

這個女老師有著原住民的優良血統，豐腴的臉頰，圓滾滾的大眼睛，高挺的鼻子下有著渾厚的雙唇，不時傳送悠揚細緻的聲音以及爽朗的笑聲。豐潤的身材被花洋裝裹著，常把衣料上的小碎花擴展成一朵朵綻放的牡丹，這熱情的花洋裝倒也與她的歌聲特質相符合。她，總頂著一頭蓬鬆凌亂的髮型，一層層爆炸頭下藏匿著成千上萬雪白的髮絲，白髮是她最惱怒的敵人，這是眾所皆知卻噤若寒蟬的祕密。

老師習慣欽點幾個聰明伶俐手腳俐落的小朋友，在下課的時候站在她的身旁，執行看似簡單卻又艱困的任務，那就是扮演驅逐魔髮妖怪的剪刀手。首先拿起老師特別購置的船來小剪刀，瞄準躲藏在層層捲髮下的白色小髮怪，小小的指尖纏繞起雪白髮絲，眼明手快加上膽大心細的手法，「喀擦」聲下毫不留情的將白髮妖怪斬首示眾。剪下來的白髮妖精一撮撮排列在講桌上，讓女王殿下審視成果，戰績輝煌的小朋友，可榮登衛冕者寶座，得到香甜誘人的糖果作爲獎勵，因此，彼此都是身經百戰且不容小覷的對手。

老師對於小朋友的手腳是否靈活，辨別度是否準確，可是嚴加管控的，如果一個不小心剪下來黑色天使髮絲，那就鐵定立刻被淘汰出局，從此打入冷宮不得翻身。最後能留在身邊繼續執行護髮任務的，大概也只剩下兩三位倖存的翹楚吧！

這工作看似簡單，首先，將老師的頭髮梳爲左右兩邊，分別由兩位鷹眼小天使從最側邊進行地毯式的搜索，仔仔細細的尋覓白髮。顯而易見的雪白銀絲罪該萬死，立即執行斬首；側眼被瞄到的「白色髮妖」也不容歹活，速速除之而後快；接下來要處理的部分，則是那群四處藏匿的餘虐，也就是當一陣突如其來的風吹起時，容易探頭見人的白魔頭，當然也得以迅雷不及掩耳的速度繩之以剪，不容殘留！斬白護黑全靠慧眼與一把小小的剪刀，下手快、狠、準的我，馬上受到老師的青睞，晉級爲特殊優良的護髮小天使。

這個老師的眼睛圓亮，有著濃密的眉毛及深邃的雙眼皮，嘴巴不算櫻桃小口，但從她嘴裡滑出來音韻，是悠揚悅耳動聽迷人的，她的教學方式以現今的教學要求來評析，大概正負評論不分軒輊。一上課就開始彈風琴，我們一句一句跟著唱、學著跳，她總是像喝了精氣神飲品似的，聲音鏗鏘有力，眉飛色舞且神采奕奕，邊踩踏風琴，還可以邊唱邊罵起那些「啞歌」的小朋友。課堂上我們絲毫不敢怠惰，卯足全力的扯開稚嫩的嗓音和著。

若是以貌取人，老師的身材應該是不善於舞蹈，但唱遊課的帶動唱，舉手投足之間還是展現著原住民的熱力，轉身、跳躍、模仿動物的樣態，全都難不倒她。不過，可別惹怒了她，一發火可是會以如來神掌奮力一賞，保證讓你痛得哀爸叫母。儘管如此，在眾多鴨子聽雷的學科裡面，唱遊課已經是最令我們期待的課程了，連在外遊蕩玩泥巴踩水坑的同學，也會聞樂而拔腿奔回教室裡搗蛋。

在老師的心目中，我算是「有功在頂」的小孩，自然加倍疼愛，能細心的爲老師剪去白頭髮，上課也認眞的唱著、賣力的跳著，總是被老師選爲帶動演唱的示範者，只要老師一聲令下，我鐵定衝鋒陷陣跑第一。

在那個年代，星期假日時，老師們還是要輪流到校值日的，每當老師值勤的時候，就帶著小孩到學校裡玩耍，她會將我們召集到校爲她修剪白髮，然後再與她的小孩一塊玩遊戲，在當時能陪老師的小孩一塊兒玩遊戲，我們會十分開心，覺得是一種特殊的榮耀呢！

中午的時候，她會準備豐盛至極的午餐食材，例如：麵條、豬肉、香菇、蝦仁、鮮蚵……，有時還會有豬肝及腰子，總讓我們看得瞪大眼睛直吞口水，在物質困乏的鄉下，是難得能吃上這些昂貴的食材。她會將這些有錢人家才捨得買的食材請我帶回家裡，拜託媽媽幫她料理午餐。雖是麻煩媽媽料理，老師也是慷慨大方的，會請媽媽留下一半的份量給家人。

可是，老實的鄉下人，往往也只會意思意思留下極其少量的什錦麵，但這對我們而言，已經是如獲至寶難能可貴的大餐了，尤其是蚵仔、豬肝、腰子，每種都是足以讓我們捧在手中捨不得品嘗的佳餚，能夠如此享用當然是開心得手足舞蹈，巴不得老師每個假日都來值班了。傍晚，我們得去幫忙清理辦公室，這時，老師會將已帶來而未享用完畢的零食全部送給大家，她對於美食上的分享十分闊綽，讓我們也偶爾能獲得虛榮的滿足。

音樂老師雖然身材臃腫，上課能歌善舞的，整整一節課都紮紮實實的示範唱和跳，時常滿頭大汗，自己也陶醉其中呢！

有一天，她鄭重地跟大家宣布：「從現在開始，我們每天早上都要加強練習唱和跳，因爲再過一個月，督學會帶其他學校的老師來觀摩我們的唱遊課，一定要認眞的練習，不能出差錯，要讓他們知道我們雖然位處鄉下，但是活力與熱情是一百分的！所以要加強演練，絕不許在當天出錯。如果表現得好，老師會請大家吃糖果，如果表現不好就很慘喔，校長會沒面子，老師也會丟臉。大家一定要努力記熟歌詞，配合動作唱出嘹亮的歌聲，知道了嗎？」

大家根本搞不清楚誰是督學？也弄不懂什麼是參觀教學？這到底是怎麼一回事？不管那麼多了，反正練習唱唱跳跳總比抄抄寫寫來得好，所以大家卯足全力配合，大聲地唱，開心地跳，一次又一次的反覆練習著。

隨著示範教學日子的逼近，氣氛越來越凝重，老師對於任何一個小動作都要糾正，唱歌的時候連大聲小聲也務必分清楚，大家覺得唱遊課越變越奇怪，我們以往的快樂氣息，不知何時已悄悄躲藏在緊張的背後，大家也跟著神經兮兮起來了。教室的布置拆了又換，換了又拆，裝飾得像是要迎接新年一樣，喜氣洋洋的，窗子也是擦了又擦，連工友伯伯都來幫忙，將玻璃窗子卸下來洗了又洗，牆壁更不能大意，重新刷上了油漆，大家好開心，這個教室連黑板都換成新的，不再是斑斑駁駁的舊黑板，煥然一新的感覺讓我們雀躍不已。

就在觀摩教學前幾天，音樂老師開始檢查所有小朋友的儀容，仔細盯著脖子是否有「小黑蛇」？耳朵背後的污垢有沒有刷乾淨？若是不合格的，老師掏出了自己準備的香皂及手帕，要大家輪流到洗手台前，將自己仔仔細細的擦拭乾淨，再讓老師親自複檢一次，至於指甲太長不及格的，當場刻不容緩立即修剪，男女生的頭髮也被要求一律修剪整齊。

班上有三個留著長頭髮的女生，也是被戲稱爲班上三劍客的我們，被下達旨令，三天內一定要剪成齊耳的短髮。老師振振有詞的說：「全班整齊劃一，看起來更有紀律，你們三個留長髮的女生找時間去把頭髮剪短，大家都剪成有精神的短髮，看起來更顯得朝氣蓬勃。」

天啊！青天霹靂，我也是被匡列需斬髮的其中之一，吞吞吐吐的我討饒著說：「老師，我不想剪啦，已經長髮及腰了，剪短頭髮我會很傷心的，可不可以當天把它綁得整整齊齊的，這樣子可以嗎？」其他兩個同學雖然不敢說話，但也在一旁猛力的點著頭附和。

老師溫柔的摸著雙劍客的頭說：「你們很乖，老師說的話一定會照做的，乖，今天你們可以不用寫功課，下課就快去剪頭髮喔！」

唉！她倆竟點頭如搗蒜，馬上棄我於不顧表示願意全力配合，下課鐘聲一響，就飛奔到剃頭店了。眞糟糕，三劍客已經有兩位被降伏了，只剩我一個該如何單打獨鬥呢？不過，老師也表示願意想想該怎麼解決我的問題，這才讓我心中的石頭輕輕落了地，心想終於可以逃過一劫了！

這天，下課一回到家，奇也怪哉，媽媽已經下班了，今天怎麼回事呢？媽媽沒加班，而且已經把晚餐準備好了，餐桌上有又香又Q的滷蛋，看得我眞想偷吃呢！媽一本正經的對我說：「走，來去剪頭髮。」

我不解的問著：「爲什麼要剪頭髮呢？已經留這麼長了，我才不要哩，爲什麼要剪呢？」

媽媽嚴肅的說：「今天是好日子，你的頭髮長過腰了，剪頭髮的時候要選好日子才可以，而且今天老師也親自到工廠來找我，說你要上台帶領教學觀摩時的唱遊，當然要服裝儀容整齊，頭髮要剪短才有精神啊！老師都親自來說了，無論如何我們就一定要遵從，不能不知輕重。」

我號啕大哭著說：「長頭髮綁起來不就好了，也是很可愛啊！爲什麼要因爲教學觀摩，就要把我留了三、四年的頭髮剪短呢？我—不—要！」

這時媽媽鐵青的臉說：「老師最大，她來說的，我們就要快點去做。」他不理會我的反抗，硬生生地拉著我走向剃頭店，最終還是哭哭啼啼地坐上了高腳椅子。

剃頭婆說：「唉呦，這麼長的頭髮要剪掉，眞是可惜呀！」我聽到剃頭婆的話，眼淚簌簌的流著，哭得鼻涕與眼淚黏和在一起。

但鐵石心腸的媽媽下令說：「剪，耳朵下面一公分！」

天哪！大人的權威讓我的長髮不得倖存了，就這樣，這長相廝守的頭髮與我道別了。幸好，剃頭婆仔仔細細的將我剪下的頭髮，整整齊齊的綁成一束，將它交給我留念。

捧著心愛的頭髮，三十公分，三十公分，是我留了多年未剪的頭髮，我邊哭邊跺著腳忸著回家，但是媽媽已經達成目的早已不管我，獨自快速走回家了，完全不理會早已哭腫雙眼的我啊！回家之後，爲頭髮舉行了一個簡單又隆重的告別儀式，將它安安穩穩地送入那個我珍藏寶物的月餅盒子裡，再收進紅棉床的木櫃子中。早已哭累的我，不知何時倒臥在紅眠床裡睡著了。

翌日，一到學校，同學個個張大眼睛爭先恐後地問：「你的頭髮呢？妳怎麼也剪短了？」被他們一問，我的眼淚又不爭氣地流下來了。

老師一進教室，刻意摸摸我的頭，接著提高嗓門誇說：「喔，剪成俐落的短髮之後看起來更聰明、更漂亮了，來，到台上來帶領大家唱跳的動作吧！」

雖然還是有些彆扭，但仍得順從的唱著、跳著。老師說提醒大家記得笑容，要把嘴巴張大，開心的笑著、唱著！當下，我的心裡還是繫掛著三十公分的它，不過，終究還是勉強的笑了，事已如此，只能繼續當個乖乖牌學生吧！

我心裡暗想：「如果有一天我當上老師，一定會鼓勵小女生愛護自己的長髮，還要幫他們編綁著漂亮的辮子！」

小時候那場督學視導的教學觀摩大戲，犧牲三十公分長的頭髮以對，這三十公分的思念，邐呀邐的綿延了數十年，雖然少女時代又再度留起長髮，但小時候那把藏在紅眠床櫃裡的頭髮，至今仍叫我心疼它的寂寞。

再度回首，我仍記得那場唱遊教學，我們穿著白上衣、藍裙、藍短褲，齊一的短髮，蹦蹦跳跳張大嘴唱著兒歌，娛悅了在場的老師和長官，也爲老師贏得了掌聲和獎勵，讓天眞的我們獲得無窮盡的讚美，但殘留著淡淡的悲傷。我那無邪且無辜的黃毛髮絲，那三十公分的思念，葬身在今日看來十分迂腐的教學觀摩課，留下無限的遺憾。即使，今日我可以自主的擁有一頭長髮，但對那三十公分的稚髮一直牽牽絆絆思思念念著。

往事如煙隨風飄吧！如斯的情懷，姑且爲文以悼之！

狗皮藥膏

下頦那個小小微微鼓起的圓形疤痕，是小時候長疔瘡留下的紀念品，一路伴隨著我成長，因爲它的存在，常使我回想起許多珍奇的經歷。

「咚咚鏘……咚咚鏘……」陣陣銅鑼聲在鄉間小路熱鬧的喧囂著，後頭跟著一大群光著腳丫子的小孩，跑跑跳跳聒噪著。敲鑼打鼓是他們最簡明方便的宣傳方式，從村頭到村尾走上一趟，讓村子裡的大人小孩都知道，今晚土地公前的曬穀場又有賣藥仙的演出。

從前走跳江湖打拳賣膏藥的人，有些只是三、五個人就組成一團，大部分的成員還是以自家人爲主角，唱唱歌、跳跳舞，純粹是暖暖場子娛樂一下鄉親；但也會有陣容龐大一行好幾人，個個身手矯健，有的舞刀弄槍，有的雜耍特技，有的說唱加律動，精湛的演出令人拍手叫絕，意猶未盡。

在熱鬧的表演之後才是重頭戲，開始進入宣傳廣告。千篇一律的開場白不外乎是：小弟今日來到貴寶地，帶來祖傳祕方欲報乎大家知，咱賣的藥膏是萬靈通啦！目睭痛，糊目眉；嘴齒痛，糊下頦；肚子痛，糊肚臍；查埔人吃補腎，查某人吃順經；連囝仔嬰著驚剉青屎、半暝ㄚ罵罵號，攏有效。

這膏藥康樂隊的主持人是整個場子的靈魂人物，擁有連珠炮的本領，台詞押韻詼諧逗趣，讓人聽了會心一笑，不得不佩服他的懸河之口。他們憑藉三寸不爛之舌來推銷的藥物，有罐裝的丹丸、瓶裝的藥散、紙袋裝的貼布膏藥。各式各樣「有病治病，無病強身」的仙丹妙藥，讓大家觀看節目歡喜之餘，在「有吃有保佑」的觀念驅使下，自然就會忍不住撈出腰包來購賣藥品。

這些賣膏藥的好像是在茶水裡下了符咒似的，逗得這些鄉親老小每個笑得嘴開開，把五花八門的藥膏往懷裡塞，一個晚上就把你的荷包掏光光。

每個人心花盛開，好像掏了錢買下這些藥品就能百病除，散場後還不時和左鄰右舍邊走邊打探買了些什麼，約著大家可以交換使用呢！在這千千百百種的膏藥裡，「狗皮藥膏」最令我印象鮮明，因爲它曾讓年幼時常「生頭發尾」的我得到救贖。

這狗皮藥膏對我而言，還眞的有著莫名的療效。這種專治「疔瘡」的狗皮藥膏，藥紙的上面是一團黑色的膏藥，摸起來硬硬的一塊，使用前要用火慢慢將它烤熱變軟，並且要掌握好溫度趕緊往疔瘡處貼，太熱會燙傷了皮膚，太涼了會黏不上患處，把握住那種有點燙又不會太燙的原則，才不會失敗。

隔日將藥布撕起來，如有疔瘡已化膿就可將膿擠出，再以碘酒消毒即可；如果還是沒有化膿，可以再貼一次，直到把膿頭引出來，膿毒除去就能根治。也不知道是不是因爲體質的關係，小時候的我常會被疔瘡找上門，有時長在頭上，有時長在腿上，最痛的是長在臉上的大膿瘡。在鄉下要看個醫生十分不方便，再加上當時也沒有皮膚專科醫生，所以一發疔瘡就是貼狗皮藥膏，但說也奇特，它好像神藥似的，總能適時的爲我解除心頭大患。

在我的心中一直對這藥膏心存感激與敬重，但它卻消失在醫藥發達的時空中，讓我十分懊惱與不解，爲何它無法代代流傳下去呢？曾聽說最原祖的狗皮藥膏是將膏藥攤塗在狗皮上，因爲狗皮性溫無毒，保濕效果又好，可以軟化皮膚，增強藥物的滲透性，讓有效成分，更能透過皮膚進入人體發揮療效，是上乘之選。

至於膏藥的成分，通常是老中醫開出的藥方，藥方因病癥而做調整，基本上會使用二、三十種的藥材，再以麻油煎製熬成。製程對火候很有講究，藥膏熬老了會貼不住，熬嫩了就對皮膚有刺激性，眞正的狗皮膏，貼之即沾，揭之即落，根本不會有久貼紅癢的過敏反應。

昔日殺狗取皮是何其殘忍？在今日，狗更是人類寵愛的毛小孩，早已不可能出現任何獸皮藥膏，所以演變成以油紙、帆布及其他材料取代，現今常見的酸痛貼布，就是由小時候常見的「狗皮藥膏」慢慢演進而來的產物。

因爲狗皮膏製作的工序複雜，藥膏使用的成分與配方難統一，目前還無法用科學化的方式加以考量，衛生署的批准文號更是難以取得，因而狗皮藥膏的製作技術逐漸失傳。它曾經閃耀的輝煌神效也即將走入歷史，雖然它終究會被醫藥歷史所遺忘，但是這瑰寶在我心中的印記，將與瘡疔舊疤共存於我的生命旅程中。

總鋪師

每到端午佳節，總會出現粽子大觀園的景象。隨著米飯的炊煮工法相異，內餡材料依各地特產取材，包裹的粽葉特性不同，都讓粽子呈現獨特的風味與樣貌，飄散著誘人的香氣，即使是同一家人也因各自的味蕾而有所偏好。

對於包粽子這件事，在腦海中存著一幕幕溫馨美好的畫面。年幼的時候，每到端午前夕，左鄰右舍會相約一起包粽子，婆婆媽媽們會聚在月英嬸嬸的大庭院前包粽子。月英嬸嬸的公公是大名鼎鼎老總鋪師，頂港有名聲，下港有出名，經營外燴辦桌的生意，一年到頭總是在外奔波。手藝好，料澎湃，價格公道又實在，因此辦桌的檔期總是排滿滿的，長年累月耳濡目染之下，月英嬸嬸自然也學得一手好廚藝。雖然在公公的麾下，她只能扮演個「水腳ㄚ」的角色，但如果有機會讓她主導全局，早已能夠呼風喚雨勝任大局了。

月英嬸嬸的先生過世得早，孩子才剛上小學就沒了爹，她得跟隨公婆四處辦桌去，孩子時常託給左右鄰居幫忙照料。幸虧這個小男生俊俏得人緣，聰明有禮貌，因此當她忙著出外辦桌時，不太需要爲孩子的事情操心。晚餐時刻，左鄰右舍就爭相喊他過來一塊兒吃飯，而且與鄰居的孩子感情好，總會相邀一起玩耍，讓他不會孤單寂寞。

當月英嬸嬸收拾好場子回到家往往是三更半夜，孩子早已香甜入夢。對於孩子三不五時得叨擾鄰人感到不好意思，熱心的親朋好友鼎力相助，讓她更是銘感於心。因而，每當外出辦桌返家時，也會將辦桌之後攜回的菜尾湯，親自登門分贈給這些有情有義的里鄰鄉民。

在早年辦桌的文化中，總鋪師可是身經百戰見多識廣，任何宴席場面都遇過。整個宴席的過程中就好比上演著武場大戲，手腳要快，記性要好，ＥＱ要高，除了廚藝精湛之外，團隊的工作默契及氣氛是否和諧，更是一大致勝關鍵。如果遇上天候來攪局，那可是考驗著總鋪師的應變能力了，只要主人沒有取消宴客，不論颳風下雨或是橋斷路場，都得克服困難完成使命，有時遇到場地積水或漏雨，當機立斷臨機應變更不得有誤。

總鋪師對於不同類型的桌席給予特定的稱呼，村莊裡頭有廟會活動或是做醮的辦桌，被稱爲「食拜拜」，上演酬神大戲或是婚宴時的叫做「食戲酒」，至於公司行號在農曆二月初二土地公誕辰會「做頭牙」，農曆十二月十六歲末祭土地神後則是「做尾牙」，這尾牙辦桌時的禁忌可得謹記，要特別留神，不可把雞頭對向任何員工呢！至於喪事後的筵席則以「食三角肉」稱之，這類的辦桌通常菜色較為清簡樸實，畢竟傷悲使人無心想食。

在所有總鋪師的辦桌名稱裡，唯獨對「食三角肉」這緣由讓人感到困惑，喪事的筵席正式名稱應叫「食散筵」，選在死者出殯那一天要辦桌宴請親朋好友一起吃一頓飯，意味著這是死者最後一次和親朋好友聚餐，吃完就陰陽殊途天人永隔，所以稱為「散筵」。

那為什麼去參加親友的喪禮又叫做「食三角肉」呢？老一輩的總鋪師說，因為散筵是喪事，菜餚毋須像喜事那般講究刀工、切法、擺盤及裝飾，因而豬肉也不必切得整整齊齊，隨便切切即使切成三角形也照樣烹煮上菜，但可不是每塊肉都被切成三角形的意思。

然而文化禮儀研究者的說法卻大相逕庭，因為早期的餐廳少，辦喪事的時候都是左鄰右舍來「桓腳手」，喪家必須準備餐點感謝幫忙的人，所以就將親戚送來的牲醴肉類食品「相混合」在一起，煮成一大鍋的鹹粥招待大家，正確說法應該是「相合肉」，因爲發音的問題才將「呷糤嘎肉」訛傳「呷三角肉」。

姑且不論是何種辦桌型態，在宴客時通常會搭棚架遮陽擋雨，辦大型的宴會時，總鋪師團隊需在前一天就先布置場地，安排爐灶、鍋具、碗盤、桌椅及食材的擺放位置，翌日凌晨就得上大市場去採購海鮮及肉品，接著就展開忙碌的一天。夏天得忍受悶熱的蒸氣油煙，冬天要耐得住寒風襲擊，總鋪師要掌握火候，清、蒸、炒、炸，樣樣得小心謹慎，憑藉經驗掌握最佳的起鍋時機。

水腳們要眼明手快，迅速將熱騰騰香噴噴的料理分送至各桌席，當客人爆棚時，除了忙著加開桌次，還得盤算著備料是否足夠？萬一超出預計桌次太多時，硬是得使出渾身解數，萬萬不能讓主人家漏氣，這些千頭萬緒的事兒得靠長時間累積的智慧，才能圓滿達成使命。

每當宴席菜色上完後，考驗師傅功力的重頭戲正式登場，他必須認眞的「結菜尾」，把宴席所剩的菜餚或食材煮成雜燴大鍋湯，接著主人會把菜尾湯分送給幫忙的左鄰右舍品嘗。如果菜尾湯結得好，當大家知道這位師傅功力夠，必定口耳相傳，以後家裡有喜慶宴客時，自然就會想找他幫忙。

所以，師傅在這收場的關鍵時刻，可是卯足全力，絲毫不敢掉以輕心，一嚐再嚐，直到自己滿意了，才敢將菜尾湯交給主人家處理。接著將部分特別留下來的菜餚作爲祭品，感謝這個棚子讓宴會圓滿完成，拜完才開始拆棚架，叮嚀手下收拾好所有的辦桌器材，帶著他的「傢俬」得意地離開。

早年的農村社會，整個村莊就像一個大家族，彼此熟稔相互幫忙，喜慶宴客圓滿結束後，主人家分送菜尾聊表謝意。當收到這美味的餽贈，小孩子們總巴不得馬上大快朵頤一番，拿起碗筷虎視眈眈的守候著。大人們只會將一小部分舀出來先讓我們解饞，大家忙於爭先搶食撈取裡頭的好料，顧不得細嚼慢嚥，大口大口吃得滿嘴油滋滋的，然後以舌頭舔舔嘴邊沾染的肉汁，滿足的用衣袖擦擦嘴，臉上滿是幸福的神情，這是辦桌之後所帶來的溫暖風情。

至於剩下的菜尾湯，主婦們會拿到爐火上面再次加熱煮開，然後千交代萬叮嚀不准偷吃，因爲一攪動就很容易臭酸。如果不能忍一時的嘴饞，可會換來一頓斥喝，所以爲了下一餐的美味，只好乾瞪著眼吞吞口水忍一忍。

在當年，一有喜慶宴客時，祝賀的賓客早早就會入席，把棚子擠得水泄不通，大家一邊嗑著瓜子聊聊天、敘敘舊，小孩子則是只顧著喝著汽水吃著糖，一旁的師傅剁剁的規律切菜聲，水腳們忙著把各式料理放入大蒸籠裡蒸出香味，這種熱鬧的氣氛讓人深感溫馨！總鋪師以他的手路菜帶來盛宴，挑逗食客的味蕾，在宴席上讓賓客盡歡，宴席後讓鄰人品嘗後韻風華，應該尊稱他為「食神傳人」或是「溫情營造者」。

憶起昔日那種「鼎灶路邊擺，酒席沿街排」的景象，也讓我思念起月英嬸分贈菜尾湯的身影。原來，純樸的古早心，雋永的故鄉情，是一份讓人心心念念的純眞滋味啊！

青草青

連日綿雨，春草暢飲雨露，瞬間飛長數尺，一群環保工人汗如雨下的背著割草機，與油綠綠的青草奮戰著。割草機發出ㄍㄧㄍㄧㄍㄚㄍㄚ的刺耳聲，偶爾傳來撞擊大石子的震耳驚憾，草屑隨著刀盤旋轉噴散，像是一場草原的空襲事件，但少了煙硝塵煙之味，取而代之的是淡淡的青草氣息，這是兒時再熟悉不過的草香，根植在記憶裡的一股溫馨。

「勞動服務」教育，現今已是不常見也不易被理解的事情，更遑論勞動的內容竟是讓全校的小學生總動員，一起在烈日下共同協助校園的「斬草除根」工作！但這樣的鋤草勞動服務，在我的小學校園生活裡卻是稀鬆平常的事，尤其是開學時刻及運動會前夕，這精彩且盛大的活動就會積極展開。

導護老師在兒童朝會時宣布勞動服務的日期，各班的級任導師負責分配任務及攜帶物品，有的同學帶鐮刀，有的攜帶小鏟子，有的帶畚箕，有的要拿小鋤頭……當時的我們也只不過是十來歲的孩子，但每個人都是理所當然的接受任務分配，不敢有任何異議，即便有些糊塗健忘的同學當天忘記攜帶工具，也都緊張地飛衝回家準備，一律服從命令不敢違背老師下達的指令。

當廣播裡傳來集合的訊息時，每個班級就整理好隊伍魚貫而出，一、二年級年紀尚小無須動用除草工具，只負責撿拾所有操場及跑道上的小石子；三、四年級負責以鐮刀割除雜草，再用小鏟移除根深柢固十分難纏的土香草；至於高年級的學長姊，就得小心翼翼的使用鋤頭挖掘牛頓草的根，執行斬草又挖根裡最艱辛的任務。

整個操場布滿了小小兵，戴著橘色的小帽，不熟練的揮舞著手中的工具，老師也必須親自下海示範指導，師生總動員的場面好不壯觀，只可惜當時學校並沒有為此作記錄，無法留下歷史性的畫面。割草撿石子都得蹲著身子彎著腰，著實辛苦，有些頑皮的學生就會趁機摸魚玩起泥沙，有些會將撿來的石子和同學玩起丟石子遊戲，當然一被發現就是擰耳朵、打手心的份，不過能苦中作樂才是王道，不是嗎？

一場勞動服務要持續多久，這可沒有既定的時間，當操場上那些絆腳的頑劣雜草被一一剷除完畢，跑道上會妨礙賽跑傷腳的石子撿拾殆盡，整個勞動服務才能告一段落。活動結束回到教室時，個個汗流浹背，灰頭土臉，教室外瀰漫著淡淡的青草香，教室內卻是充斥著濃烈的汗水臭味，此時吹來陣陣的涼風，總能帶給大家幸福舒適的笑容，但最開心的莫過於合作社因此延長販賣時間，有零用錢的人，此時就可以擠進合作社裡好好地逛一逛，買買零食解饞，大口的吃著棒棒冰消暑，這是至高無上的享受呢！

鋤草勞動在當時是件既辛苦又暗藏危險的差事，小小年紀必須使用著稍一不留意就會受傷的工具，執行著不熟悉的工作，場景若換是當今，應該早就躍上頭條新聞了。但此情此景，現今回想起來卻是獨特且彌足珍貴的，這樣的經驗被歲月存封數十年，它被再度喚醒時，卻是一杯陳釀的青草酵素，活生生的發酵著童年往事。溫潤的滋味，有著恬靜的淡麗，躍然心間的青草氣息，是眞切的，獨特的，銘於心的兒時回憶，珍藏至今啊！

猜墓粿

學校前面的這條河，是不是可以命名為陰陽河？以河為界，左為靜謐肅穆的墓園，右邊是一間充滿生氣的小學，一所極為迷你的鄉下學校，每個年級只有甲、乙兩個班，整個學校也才十二個班級，學校裡面的老師本省與外省籍各占一半，而外省籍的老師是軍人退役轉職，操著濃濃家鄉腔調的國語，說起話來中氣十足，口沫橫飛如雨落。

我們這群鄉下小孩，家裡多半務農，在泥巴田裡奔馳著長大，班上進過幼稚園的屈指可數，閩南話說得溜溜轉，但對於國語可是陌生得很，偏偏又遇上濃烈的鄉音，簡直就像鴨子聽雷一般。上課時雖然屁股黏在小小的椅凳上，心卻早已飛到九霄雲外囉！望著窗外的樹葉舞弄光影，聽著枝頭吱吱喳喳的麻雀高歌，夏風一陣陣暖暖的吹來，任誰都會看傻了眼，一不小心就閃了神，直到老師拿著掃把竹枝條往身上咻下去，才猛然地搓揉著竹枝條嚙咬之處，頓時痛醒而回了魂。

十分羨慕其他班級是讓本省籍老師教到，你說個滿口閩南國語，老師也能心領神通，但給外省籍老師教課，對我們而言也是另一種心的野放。你可以望著黑板發呆，可以望著窗外的藍天白雲，自由想像飛翔，可以練習演獨角戲，手持蠟筆塗鴉，眼睛看著老師點頭微笑，假裝自己是個厲害的戲子，上演著假認眞學習行欺騙老師之實的戲碼。

下課鐘聲響了，說得起勁的老師卻還欲罷不能，大家的心早已像風箏一樣起飛，飛離教室之外，飛向綠油油的操場，飛向河邊的大榕樹下，飛向擠得水洩不通的合作社。大家最迫切期待班長順口流利快速地喊完：起立、敬禮、下課，然後大夥不約而同一溜煙往操場飛奔。

頑皮的我們在黑人阿益的帶領下，倏地到小河邊集合，玩著「跳遠」的遊戲，這項跳遠的實戰遊戲就是從河的這岸，吸口氣使力一蹬，跳到河的對岸。在淙淙流水的上頭演練，可眞是驚險又刺激，一不小心可會成千古恨，瞬間成爲落湯雞王子與濕漉漉公主，但大家卻仍舊樂此不疲，個個摩拳擦掌鼓足勇氣接受挑戰。

在無數次的一跳一返之間，總會有人失足落水，幸好河水清淺，頂多落個「摸蛤ㄚ兼洗褲」的糗樣，隨著上課鐘聲響起，一群野孩兒又像躲空襲警報似的竄入教室，光著腳ㄚ濕著褲腳上課，這是家常便飯一樁，老師早已見怪不怪，罰落水的同學到教室外頭把衣服晒乾再進來。這種受罰反倒像是撿到天大的福利，讓坐在教室的我們好生羨慕。

穿越於河邊兩岸的遊戲，儼然是孩子們訓練膽量的入門，但遊戲也僅止於上學之際開演，黃昏日落時分，大家就謹守禁忌不再玩此遊戲，也避免跨過河岸探險遊玩，爲的是不打攪河岸左區古墳群裡的安息者。這可是大人耳提面命的金科玉律，不容小孩鐵齒輕蔑，更容不得以身試鍊的法條。

阿益，黑黝的皮膚，結實的肌肉，手腳靈活矯健，膽子大力氣足，誰敢招惹他，鐵定被飽拳以對，任誰也不敢輕易找他幹架，否則鼻青臉腫在所難逃。那一天，阿益趁著體育課老師放牛吃草時，吆喝著狐群狗黨跳過河至對岸去偷挖番薯，許多禁不起慫恿的男生紛紛跟進，而另一群有所顧忌的「俗辣」，只能站在操場的邊邊角角處觀望。

此時正值掃墓時節，許多人陸陸續續前往河對岸的墓園掃墓，而小朋友們會冒著撞邪的風險到墓地去，原因不外乎想要「猜墓粿」，獲得一個油亮亮嫩綠綠的草粿解饞。

大家朝著已展開祭祀的墓園前進，聽到哪家祭祀完畢的鞭炮聲響，就會依序排隊，向祭祀完畢的人家說些吉祥話，祭祀完畢的人家，就會拿出草仔粿分送給小朋友，來者不拒人人皆有，因爲習俗上認爲來索取墓粿的人越多，今年的運勢就會越興旺。

每個人都興高采烈地捧著祭祖分送的草粿及點心，一家走過一家，有時多到得把衣角撈起來捧著戰利品呢！每家培墓與祭拜的時間不全然相同，前前後後大概有十天左右的光景，敢溜到墓園參與猜墓粿的人，就會有堆滿抽屜的米食與點心打牙祭了。

這一天，阿益照例帶著一群既好奇又膽小的同學，前進墓園猜墓粿。但是他今天總老是排到最後一個去，當然其中必有緣故的，他可是千算萬計大有盤算來著的。因爲當前來猜墓粿的小朋友人數太多，如果祭祀的人家已經沒有足夠的餐點或小菜可以分送的時候，這時就會拿出銅板，讓小朋友猜手裡握著的銅板哪個面朝上，是人頭？還是背面？猜對了，就可以贏得銅板。

這一天，阿益慫恿更大群的小朋友一起來參加，就是打著想贏得銅板的主意，當然他的運氣甚好，也如願地猜得了不少零錢。阿益身手俐落，有勇有謀，像極了現代版的海賊王，只不過這條河流氣勢不夠澎湃，否則他眞的可以放條木船在河面上，順理成章當上海賊王的船長了。

當鞭炮聲已不再響起時，預告著所有的人家都已完成今日的祭祀活動了，散落在墓園裡的小孩也該整裝帶粿回教室去。此日，大家得到的草粿、紅龜粿特別的多，口袋滿了，衣服做成的任意袋也捧滿了，無法抄捷徑躍河而返回學校，只好乖乖地繞遠路從獨木橋上走回到校園。阿益口袋裡盡是**ㄎㄧㄤㄌㄤㄎㄧㄤㄌㄤ**的硬幣，他不想跟隨大家繞遠路，於是獨自一人再度施展跳遠的本領橫越河面。

當我們繞過土地公前面的小獨木橋回到學校時，只見阿益臉色青筍筍，失魂落魄坐在操場邊的榕樹下，大家一臉茫然不知道究竟發生了什麼事，怎能讓他如此驚愕失神？大家將他團團圍住，伸長脖子七嘴八舌地喊著：「阿益，發生什麼事情？你的臉色怎麼這麼蒼白？」

阿益兩點無神，顫抖地舉起右手指著河的那頭，大家不知他的意思為何？索性順著他指的方向走到河邊一探究竟。

天哪！河面上有一副空的棺材板，載沉載浮的行走著，大家嚇得拔腿狂奔，自顧自地逃回教室。我和阿女回頭看著阿益還癱軟在樹下，兩人於心不忍又折返回去，費了九牛二虎之力才把他攙扶起來，拽著他的手趕緊往教室裡尋求庇護。

大家一進到教室，隨即把懷裡的草仔粿往抽屜裡一扔，臉色凝重不發一語，教室裡的氣氛頓時冰凍，瀰漫著一股詭譎的氣氛，時不時地轉頭偷瞄一下阿益，他的臉上仍是青筍筍、白蒼蒼。

上課時老師也覺得奇怪，平常像麻雀一般吵雜的孩子，怎麼突然啞了聲？異常安靜的氣氛連老師也狐疑起來，似乎察覺有什麼不為人知的祕密事件發生，但又尚未接獲情報，於是大發慈悲地說：「今天你們上課這麼乖沒有像麻雀一樣，功課就出少一點吧！」可是他的話語並沒有引來大家的鼓掌叫好，老師更是納悶且無趣。

好不容易熬到了下課，大家將阿益團團圍住，問：「你從河那邊跳過來時，有沒有踩到浮在河面上的棺材板呢？」

阿益直打冷顫，手像枝丫冰一樣冰涼，微微開口顫抖的說：「我跳過來的時候，一不小心差點掉到水裡去了，所以有踩到一點點棺材板，還跨過了棺材板上岸，這樣子會不會有厄運啊？」

我們聽完後，面面相覷不發一語，阿女問他說：「你會不會害怕呀！害怕棺材的主人會來找你呢？……」

大家使命的搗住阿女的大嘴巴不讓她繼續說下去，指責她說：「阿益臉上已經浮青筋了，你不要再嚇唬他。」

我摸摸阿益的額頭，冰冰的涼涼的，他背後的衣服全濕透了，想必是冒了一身冷汗吧！距離放學還有兩節課，阿益兩眼無神呆滯的望著窗外，好幾次被老師打了個頭，才稍稍回過神來。看來今天他勢必得去先生公那兒收收驚，趕緊喝喝符水，快快把魂魄找回來。

兩節課可眞漫長，好不容易熬到放學時刻，我們義氣相挺護送著阿益走回家。一進門，他的阿嬤看到孫子面無血色一副失魂的怪樣，馬上抓著問我們到底發生了什麼事？在我們支支吾吾的描述後，阿嬤急急忙忙戴起斗笠，抓著阿益就往先生公的家裡去，要趕在日落之前去收驚。我們好奇地跟著過去。

先生公家的神明壇不大，擠不下太多人，我們這群看熱鬧的只好擠在門外窗邊探頭探腦。只見收驚的阿公，在神明壇前面口中唸唸有詞，又跺腳又舞著大手在空中比畫了好一陣子，猛然一跺腳，手沾酒水一彈，以迅雷不及掩耳的速度朝阿益身上點了幾個穴道，他的腮幫子鼓得像含了兩顆滷蛋，使勁的朝他身上噴吐了好多米酒水花。阿益被這突如其來的儀式嚇得想逃，但馬上又被他的阿嬤伸手拉了回去。

收驚的阿公畫了好幾張符，接著用力地朝符紙叩叩叩了幾下，說是已烙下了符膽包準有效。阿嬤恭恭敬敬的往神壇擺上紅包之後，先生公又再次叮嚀要趁天黑前將符水化了喝下，也要將符水加上抹草擦拭頭和臉，用過的符水直接

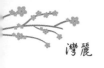

往水溝倒，讓它隨著流水沖走！他的阿嬤拉長耳朵聽著，連忙點頭後，匆匆忙地抓緊阿益回家去。

我們站在阿益家的稻埕前，偷瞄著一整個淨灑去煞的儀式。不久後，阿嬤端著一臉盆水逕往水溝裡倒，接著轉身指著我們罵了一頓，說：「遮的猴囝仔，沒代誌不要去墓ㄚ圃彼位仔轉踅，下擺不准閣去挹墓粿了！這馬趕快轉去，每一個人攏用媽祖婆的墊轎金加抹草水洗洗ㄝ，抑無收驚沒收煞，閣再予鬼掠到，代誌就大條了，趁天黑進前趕緊轉去！」

阿嬤的話把我們嚇得一愣一愣的，大夥兒急忙滾著風火輪回家，把庄頭那棵茂密的抹草採摘得像剃了平頭一樣，原來大家還是挺怕「棺材煞」這件事的。不一會兒，大家輪流捧著臉盆走出來，也向著媽祖廟的方向焚燒墊轎金祈福消災，接著倒掉已使用過除煞的抹草水，這樣應該就可以把煞氣送走，恢復童真無邪的日子吧！驚魂記的夜晚，不知大家有沒有做惡夢呢？

翌日，心有餘悸，下課時，大家對那河岸敬而遠之，離它遠遠的，但心中仍臆測著：漂流在河裡的棺材板是否已經流向遠方？還是被打撈上岸？還是原地滯留？想著想著雞皮疙瘩仍爬滿身呢！不知道還要經過多久，大家才敢再度繼續親近這條河，想必是得等上一段漫長的時間，畢竟颱風天一來，誰也不敢保證，會不會有下一副棺材板在河裡旅行游移啊！

話說阿益踩到棺材板去收驚的事情，才一天的工夫就已經傳遍全校了。師長們當然也聽到誇張版的靈異事件了，在朝會的時候明令全校的小朋友，再也不准跳過河到對岸去叨擾墓園的安寧，否則一律從嚴處罰。

這些跳躍到河對岸探險、偷挖蕃薯、猜墓粿的遊戲，就在阿益與棺材板相遇的事件中成了絕響。只是河的對岸，白日失去小朋友的嬉笑聲，不知他們是否會懷念？是否也有些許寂寞呢？

田頭金

行經那片綠油油的稻田，翠綠稻葉如波浪般迎風起伏，是一幅和諧寧靜的舞韻映畫，微風同時吹拂著田渠旁的水龍花，雅緻的小白花輕輕搖曳，逗弄一旁圓潤豔紅的蛇莓，而根葉強健的車前草卻紋風不動，安安穩穩的護守田埂，竹葉菜頂著藍色的小花，正舒服地做著日光浴，至於水莧菜則是居心叵測，想憑藉著風兒的力量，一步步向水田擴展勢力範圍。這群水田旁的植物地毯，組成一個生意盎然的綺麗世界，眞是療癒解千愁。

專注的欣賞這豐富的植物生態，體驗秋日水田的植妍植語，時光的隧道彷若帶我回到童年的時光，有種恬謐純樸的氣息在此時發酵。隨意歇坐田埂上休憩，享受輕風送來的稻香，放眼輕起稻浪的綠意田野，天藍得如寶石般耀眼，白雲沉醉於天際，啁啾的鳥鳴是悅耳的詩歌，輕快而嘹亮，偶有幾隻白鷺展翅悠閒巡視著水田，青蛙撲通撲通的警醒隱遁，只有那族繁浩大的福壽螺，悠悠自在的隨水漂移，突兀的在稻桿上、溝渠壁留下一串串豔粉色的卵塊。

一位頭戴笠帽的老農，正把腳踏車停佇在稻田的水頭處，從竹籃子裡取出月餅，點起線香開始虔誠祭拜，等燒完金紙之後，他從車架上拿起青綠的細竹，將手上的一大疊金紙往竹子上頭夾綑，然後往田頭的土壤裡插，接著踽踽前進田尾處，再將手上另一根同樣夾綁著金紙的竹子插入泥土裡。看到獨坐於此的我，露出慈祥的笑容問我：「你要不要吃月餅？這綠豆椪是古早味的，不會太甜，剛剛拜過土地公的，你常來這裡走路運動，土地公保護我的田地也會一起保護你的喔！」

說著說著，他坐在鐵馬旁，拿起一塊月餅吃了起來，月餅的屑屑沾滿唇，那綠豆餡的滋味讓他十分陶醉。我禁不住他熱情的邀約，也順手拿起了一顆，將月餅捧在手掌中，有著溫熱的感動。

這樣類似的畫面在我的記憶中已塵封了好久，今日重新被喚起時有著莫名的悸動，父親在務農時亦是如此祭拜的身影，再度浮現於我的腦海。他是一個知足認命又辛勤的農夫，農忙之餘的時候就遠赴異鄉從事挑磚、蓋屋的工作，每年的中秋節，會返鄉過節祭祀祖先，也會在稻田裡進行這神聖的感恩祈福儀式。父親會將工頭送的月餅拿來當供品，恭恭敬敬的燃起香，嘴裡唸唸有詞。先是感謝田頭土地公長久以來的守護，接著祈求這一季的病蟲害不要猖狂，灌溉的水源能穩定充足，讓稻田能順利結穗收割，豐收的穀子足夠餵養妻女，更懇請土地公多多疼惜，當他外出工作時，農事一切順遂平安。

祭拜完之後，父親會將新製作完成的「土地公枴」，在田頭與田尾各插上一支，目的是送給土地公當枴杖，感謝祂的巡田守護，祈請祂多看顧。

田頭金枴杖就像是守護神一樣，當父親在遠方工作時肩負起守護農田，保佑五穀豐收的使命，每當看見土地公拐時，總覺得他和田裡的稻草人通力合作，正爲農田的收穫在執勤，那稻草人日夜努力驅趕著麻雀，土地公則時時刻刻爲我們祈求風調雨順五穀豐收。

如此敬天祈福的傳統儀式，滿載著「食果子拜樹頭，食米飯拜田頭」的眞心願力，但這習俗今日已近乎銷聲匿跡，年輕一輩的農夫因有各種農藥的協助，得以有效力的防治病蟲害，早摒棄這種缺乏科學依據的祭拜文化。如果我們能推動友善耕種，同時也重新開啓尊重土地禮敬神祉的文化習俗，能飲水思源敬天謝天，將種稻者的情感與土地人文相結合，相信更能滋養蘊育這片土地綠意的生命。

望著一畦畦正結著稻穗的綠田，時不時聞到青草的味道與淡淡的稻香，伴隨著微微的涼風，心寬愜意。那黝黑微駝的老農已踩著鐵馬緩緩離去，土地公拐佇立田間，在陽光下昂首挺胸，爲守護這一季的豐收而努力。手中捧著綠豆椪，我遲遲捨不得吃下它。

金包銀

逢年過節的時候，鄉下人家總會忙上好幾天，家家戶戶的婦女都得忙著準備祭祀用的物品，而製作各式各樣的粿更是重頭戲，我家也不例外。

印象裡面，每當媽媽要做紅龜粿的時候，我和姐姐們就得去尋找月桃葉，將長得漂亮且成熟的綠葉子用鐮刀小心翼翼的割下來，一片片疊放整齊放入竹籃子裡，帶回家以後先將它清洗乾淨，擦乾以後剪成大小適合的長方形狀，在葉片上抹些油花，再把包好餡料的紅粿放在鮮綠的葉子上，取出印模加工。

這些紅龜粿經過印模壓製之後，有了美麗的花紋與吉祥的圖形，最常見到的是印上了橢圓形的龜背紋路，中間還有個「壽」字，有的是仙桃形狀的紅粿，有些在仙桃中還帶有「囍」字樣，每個紅粿都洋溢著喜樂的氣息。

將紅粿在蒸籠裡排放整齊，粿與粿之間還要保持適當距離，否則蒸熟的粿，可會心手相連糾纏不清呢！以前蒸各種粿都是利用大灶以柴火慢蒸，小孩子要負責添柴火的差事，而且大人們會千叮嚀萬交代，在蒸粿的期間可不准亂說話，不然蒸出來的粿會壞了樣子。

雖然是帶點迷信的說法，但任誰也不敢造次，以免蒸壞了粿可會受到牽拖。當紅龜粿蒸熟之時，掀開蒸籠蓋子的剎那，散發出淡雅獨特的香氣，混著柴燒與月桃葉的清香，飄著裊裊的白煙，煙裡盡是滿滿的期待。

剛出爐的紅龜粿外皮軟Q有嚼勁，紅豆泥餡綿密香甜而不膩，令人抵擋不了它的誘惑，一口接一口的享食，但是如果放置冰箱過後，餡皮就會變硬甚至龜裂，這時，媽媽就會將它下油鍋煎炸一番，「煎恰恰」之後的紅龜粿滋味更是焦香帶脆，是另一種不同的風味。

最近還流行將它與雞蛋一起上煎台，是另類新舊飲食文化的火花，相信這新的調理方式，會讓紅龜粄更受各種年齡層的喜愛。儘管吃法各有其趣，但紅龜粿與月桃葉交織的樸實原味，才是我念念不忘的眞滋味啊！

紅龜粿直到現在仍是傳統節慶上重要的主角，有著金包銀大吉大利，長長久久的吉祥意涵，至於爲什麼被稱爲金包銀呢？因爲在製作粿皮的過程中，是以紅色米糰包裹白色米糰，再掐進紅豆餡搓圓，以粿印壓製而成，富有金包銀的吉利意思，這是多麼有創意的聯想啊！

一塊紅粿承載著無限的希望與祝福，讓每個參與慶典的人們遇見了幸福。

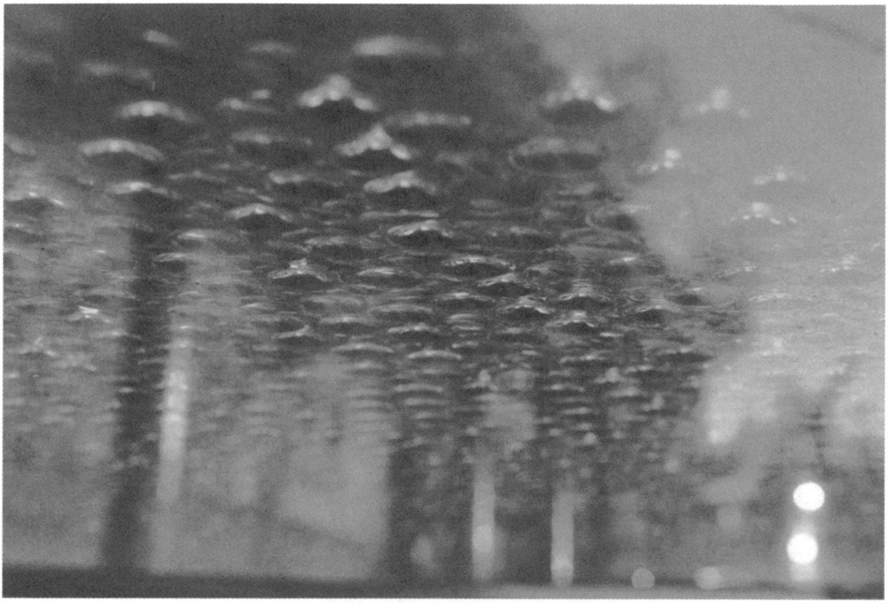

第二輯　親情似水

父親是一個鄉下老農，
認真勤勞開朗且務實，
從他的身上學到善良，
凡事盡心做不多計較，
勞者多能，能者多勞，
他的身教深深影響我。

井邊

鄉下的種田人家，總會在屋角田邊打上一口井，在古井口安裝手壓的泵浦汲水器，以井為中心，將周圍以紅磚砌成一個小小的洗滌蓄水區，這地方就成為孩童們嬉戲的聚會所，更是左右鄰婦洗衣、洗菜以及話家常的場域。

我家的古井是靠人力手動來取水，必須使勁地壓汲水器，水才會湧泉以報，若不使點吃奶的力，水可就吞吞吐吐地要上不上，會白費勁的！從井裡新鮮汲取上來的水，在嚴寒如冰的冬晨，它可是帶有絲絲的地熱，這淺淺淡淡的溫存是大地賜予的暖意，偶爾汲取上來的水也會伴隨細沙幾許，這些自然的贈禮總是出奇不意，給人不可捉摸的驚喜。汲水的工作也是被列入家事分配的項目之一，沐浴的水每人必須用上二小鉛桶，煮豬菜蕃薯的水需要一大鉛桶，燒飯菜及清洗鍋碗瓢盆的水不少於二大鉛桶，洗滌衣物的水則直接於井旁當場汲取使用。

這些民生用水全得親自動手方能取得，姊姊們比我高當然力氣也遠大於我，壓起水來一派輕鬆自在，我呢？跳一回，壓一下，壓一下，跳一回，每次都得費勁的踮起腳尖，努力抓緊汲水器的握把，奮力地往上一蹬，倏地再將全身的力氣向下降落，如此來來回回個幾十趟，汗流浹背氣喘吁吁，桶裡的水卻好似停滯盤整，始終盼不到衝上高點，但這可沒有僥倖的運氣，全憑靠著一點一滴的血汗去累積，以汗換水，需時間、體力及耐性完美結合才能達成使命。當水位逐漸上升，直到八分滿時，揮汗如雨輕聲歡呼，終於可以完成第一回合的競賽，得以換取坐在天然的木頭凳椅上稍作休息。

井邊有好幾張天然的木頭凳子，材質品名都不盡相同。比較矮的那棵樹頭凳子，是一棵被鋸掉的木麻黃，粗壯的樹幹部分已被鋸下當柴火燒了；擁有比較高比較扎實椅面的那張木頭凳，原本是一棵高大的相思樹，因爲樹形高壯且枝葉過於茂密，樹蔭常遮掉稻田所需的陽光，影響稻子的生長，所以被壯烈犧牲了；另外一張瘦瘦小小的芭樂樹頭凳子，因爲樹幹不夠粗壯被颱風吹傾倒，修砍之後留下的椅面不夠大，坐起來不舒適，就成爲小花貓的專屬寶座。井邊的這些樹凳頭仍扎根於泥土深處，穩穩地站立著，成爲我們休息乘涼的原木樹椅。

然而，樹凳下方總會成爲螞蟻遷徙築巢的首選處所，每當有螞蟻築巢搬家之際，是最令人欣喜的時刻，我會帶著矮矮的小板凳，坐在古井旁的樹蔭下，欣賞螞蟻們井然有序的行進，有時也會頑皮的放障礙物，企圖改變牠們的前進路線，但始終無法阻擋牠們堅持前往的去路。

可是，螞蟻究竟是眞的在搬家？抑或那只是在搬運食物的隊伍呢？如何判斷牠們是否在遷徙，我可清楚得很。只要看見行進的隊伍中，有運送著幼蟲和卵，就可斷定牠們是在進行搬家了，而且，想一睹雄蟻及工蟻的廬山眞面目，也只有在搬家時候才能清楚觀看牠們的長相。在浩浩蕩蕩的隊伍中，那些身體肥大，長有翅膀的便是雌蟻，而身體較瘦小也長有翅膀的是雄蟻，那些負責搬著白色圓卵的就是工蟻。

蟻族們通常會選擇在日照微弱的傍晚時分進行搬家，大概牠們也擔心幼蟲或卵在搬運過程被曬傷吧！這場螞蟻搬家的重頭戲，得在蟻后出場之後才算大功告成，親眼目睹螞蟻家族成員一一登場後，才心甘情願地抱起小凳子進屋寫字，結束這場自然奇觀舞台秀。

仲夏，豔陽總是毫不吝惜灑落一身的亮麗與熱力，野腳的我們哪耐得住它的擁抱呢？不肯午睡卻也不想正午與陽光追逐，遂呼朋引伴前往古井旁邊的那片芭樂樹園玩耍，各自擇一壯碩果美之木而棲，攀爬至樹椏分岔可穩坐之處，把自己沒入樹葉茂密的角落，不慌不忙地掃視樹上垂吊的果實。

墨綠堅硬的芭樂還不夠成熟，氣味濃郁但滋味酸澀；嫩綠帶透的果實香脆可口，甜度恰如其分適合採擷；至於綠中帶黃的芭樂，香氣撲鼻老少咸宜；而那些被鳥兒吻啄過的，可是芭樂園中的極品，保證擁有甜滋滋的風味。滿樹的芭樂，任君挑選，採摘下來的果實，還可以和左右鄰伴的樹主投遞交換品嚐，這種天然無農藥現摘的樹頭鮮，風味自是非凡，百吃不膩。

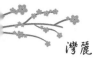

想要享受這新鮮森果，也是帶有風險的，除了有時一個不留神，會從寶座翻落地面之外，還不時得提防被鳥的屎彈攻擊，當然最可怕的莫過於那些有著保護色，藏於葉匿於枝幹的巨型魔鬼毛毛蟲。牠那不可一世霸氣凌人的刺毛布滿全身，如利刃隨風招搖，彷彿時時刻刻都想找人比畫一番似的，體背上還有突出的肉瘤，當牠蠕動著豐美的環狀身軀時，全身的簇毛亦跟著囂張的猖狂作勢，恐怖得讓人汗毛直豎全身起雞皮疙瘩了。一不小心受牠青睞，可會讓你吃足苦頭，輕則皮膚搔癢紅腫，重則刺痛難耐甚至傷口潰爛，足以讓你咳聲嘆氣痛不欲生上好幾個時日，千千萬萬別招惹上這毒蟲。

孩提時候不知這惡霸何許人也？直至長大之後，才知牠是何方神聖，竟是枯葉蛾的幼蟲啊！雖然芭樂樹上存在著眾所皆知的蟲蟲危機，不過小孩們依舊勇者無懼樂此不疲，芭樂王國永遠是夏日首選的避暑勝地。

井邊的雨天變成另個風光，順著井的周圍所砌成的小方淺池，原本是婆婆媽媽露天的洗衣池，頓時變換成一方小小的水塘，風一呼嘯樹葉飛落池中，成了一艘艘的小葉兒船，在池中轉呀轉，尋呀尋，救贖了不小心誤入歧途的小蟲子，將牠們安全送達池岸邊。有時一連幾日的豪雨，連青蛙也來駐台演唱，呱呱呱扯開喉嚨賣力輕唱著，還不時會有蛙兒鍾情此地將卵產於斯，若是積水未退，不消幾日即有成群的小小蝌蚪在這方池裡擺尾嬉戲了。這裡就成為我們放學之後的賞蝌祕境，就連慵懶的貓族也會蹲踞樹椅上冷眼旁觀。

夏日炎炎，野腳自救隊就會通力合作，輪流壓著泵浦汲水，將池子蓄滿冰冰涼涼的井水，搬出各自所屬的小小板凳排排坐，光著腳丫泡涼。頑皮的人會率先起義帶頭挑釁，不一會兒水花大戰就此展開，嘩啦嘩啦的水聲伴隨著歡樂的尖叫聲，笑著，跳著，鳥兒吱吱吱的鳴叫著，貓兒也咪咪喵喵和著。這些美妙的音符譜成一曲曲童年的兒歌，在心海的深處隱藏著，等待著某一天再度被喚醒。

那口井，至今仍靜靜地佇立在田埂邊，歲月在它的身上烙下鏽印，也記下風霜，那嬉鬧的銅鈴聲已消逝於風不復回來，洗衣的婦女齒搖髮蒼，樹椅也早已腐化為泥，人世間的流轉盡是滄海桑田的幻化，讓人措手不及的驚與嘆，驀然回首只能在記憶中尋找純眞的片段。

井邊，童年的回憶，珍藏著無憾。

寒夜

每當氣象局發布寒流訊息時，爸爸就準備開始要忙碌起來了。小時候是沒有暖風扇及電暖爐的時代，想要驅除寒冷是靠最原始的方式，藉由烘爐的炭火來取暖。

在結婚的古禮中，新娘子要踏進男方的家門之前，需經過一項過火爐的儀式，夫家的門前擺放瓦片及火爐，火爐中還會放入檀香跟茉草一起燃燒，是讓新娘淨身去穢、驅除邪煞後順利進門，跨過火爐也象徵帶給夫家興旺及好運。而這意義非凡的火爐也就成爲鎭家之寶。

冬日，在屋中擺上一盆炭火，空氣變得乾爽溫暖，冷了就烤烤手驅寒，連穿著毛衣的貓兒，也會蹲在爐子旁閉目養神。要升起一盆烘爐火是有順序及技巧的，首先，要準備削成薄薄的木片當火種使用，點火以後得用紙扇慢慢的搧風助燃，這過程是最辛苦的煎熬。有時木片不夠乾燥不容易將火苗點燃，產生的濃烈煙霧非常刺眼嗆鼻，煙常從戶外飄進屋內，搞得人人一把眼淚一把鼻涕，眼睛被燻得又紅又腫，睜也睜不開是常有的事。當火升著猛烈燃燒時，烘爐前的人早已經灰頭土臉了。點燃之後，繼續添上已劈好的堅硬細木柴，這樣子火就能夠燒得興旺，才有足夠的炭火可以覆蓋灰燼，達到長時間保存溫熱火源的功能。

白日，大人們會將茶壺放在爐火上，有時會在壺子裡放些夏日曬製的芭樂乾或是龍眼乾，長時間慢火熬煮的水果茶，果香濃醇帶些炭火的味道，溫熱酸甜的滋味讓唇齒留香，手腳暖呼呼的，這可是寒流來襲的日子才能品嘗到的珍貴果飲。

夜晚的時候，海風總是盡情的發威，呼嘯狂舞夾雜冰冷的氣流，屋子裡流竄著冰冷的寒意。爸爸會在爐子上架起鐵網，拿出了拜拜之後被媽媽收藏起來的魷魚乾，將它剪成一小片一小片烘烤。我們裹著棉被圍坐火爐旁等著，當焦香的魷魚味道陣陣飄出，鹹鹹的海水味道與濃濃魚腥香氣充滿整個屋子，不時還從門窗細縫向屋外飄去，招惹了一群野貓抓著紗門也想進屋裡來。但是，我們嗷嗷待哺，哪有一丁點兒的屑屑可以分貓兒享用呢？

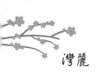

烤魷魚的魅力，足以讓徹夜的寒流頓時化成一股暖流，在手中的魷魚絲散發著春天的暖和。握著一小片的魷魚，一絲一絲慢慢的嚙咬著，在口腔裡左嚼右轉轉，就是捨不得將它吞下肚裡，愈嚼愈香，愈吃愈有味道，連魷魚腳上圓圓小小的吸盤肉丁，也要一顆一顆小心翼翼的剝下來品嘗，這可是彌足珍貴的平民美食，屬於寒冬限定。

以炭火燒烤的魷魚富含著濃烈的情感，那獨特的滋味，也早已不復存在了，現今夜市攤邊烤的魷魚，雖然花樣百出調味萬千，但失去大海的鹹味，少了炭火與魷魚交織的焦香風味，豈能和記憶中的美味相提並論呢？每當寒流肆虐的夜裡，兒時烤魷魚的影像總會浮現腦海，這滋味牢牢的存放往事的記憶裡，心間漫著的魷魚香氣未曾隨著時光的腳步而遠去。

寒夜裡還有一項重頭戲會上演，那就是來場與毛蟹的作戰大對決。爸爸說越冷的天氣能誘捕到的毛蟹特別多，所以寒流一到，就會立刻啓動捕蟹計畫。不知道是不是因爲天氣嚴寒，螃蟹需要補充更多的熱量，所以一股腦兒爬進捕蟹籠裡覓食，還是說在這打狗也不出門的天候中，有幾個人能經得起寒風刺骨的考驗，穿著雨鞋踏進冰凍的溪川中設置蟹棚，攔截水流放置捕蟹竹籠呢？或許這任務實在太艱辛了，所以前去放蟹籠的人比平日少，因而毛蟹的收穫特別豐沃。

翌日一大清早，庭院前的草叢都結滿了霜，一層層薄霜閃著冰晶光亮眞是好看。我會穿著姐姐穿不下的鋪棉大衣，蹲在草叢前玩起葉片上的冷霜，輕輕摸著細嫩的薄霜，幻想著下雪的景緻，假裝與同伴一起玩著雪球。小貓也在旁邊蹭著我的腳，不時還會舔舔我手中冰冰涼涼的霜，我與貓各得其樂陶醉在其中。

當遠遠看到爸爸從田埂那頭騎著老鐵馬回家的身影，趕忙扔下手中玩弄著的霜葉，飛快地衝向前迎接他，一看到滿滿整個鉛桶都是肥滋滋的毛蟹時，興奮地又唱又跳。爸爸看見我樂不可支的模樣，就會揮著手示意說：「快，快回去，天氣冷，趕快進屋裡去，等一下就來升大灶的火蒸毛蟹！」

我像隻小麻雀一樣，三步併兩步跳，冷風把我的臉頰刮得紅通通，鼻涕也忍不住像溜滑梯一樣滑了下來。一進門氣喘吁吁地跟姊姊說：「快點升火煮水，有一整個鉛桶，滿滿都是張著大螯想要咬我的螃蟹喔！」姐姐們一聽，也興奮地立刻動身起灶火、刷大鍋、盛滿水，準備迎接毛蟹大餐。

鉛桶裡的毛蟹樣子很獨特，有對長滿絨毛的大螯，六隻腳上布滿剛毛，背上面有類似英文字母「H」的痕跡。他們還不知自己的命運爲何，仍強悍的在鉛桶仔內你推我擠吐著泡沫互相示威。毛蟹們經過脫殼後會快速的長大，到了秋末冬初的時候，肉質肥嫩，蟹膏稠潤，蟹黃厚滿，準備游向海口產卵。這時候的毛蟹是最美味可口的，因此農家會編竹籠做蟹棚，有時也會以燈光來誘捕，在物質生活不豐厚的年代，是美味可口的蛋白質補給品。

將牠蒸熟之後，蟹殼瞬間由青色變成紅通通的，和香魚一樣帶股特殊的香氣，沒有加醋放鹽卻五味俱齊，讓人忍不住食指大動。現今雖然大閘蟹品質良好，鮮美的蟹膏與蟹黃常讓令饕客臣服，可是，小時擁有的毛蟹情感，總讓毛蟹略勝大閘蟹一籌啊！

烘爐上滋滋作響的魷魚，清蒸之後風味獨特的毛蟹，讓寒夜的冰冷融化了，至今，仍無法被現代文明的暖氣及精緻的螃蟹料理所取代，只因爲心間長存一份思鄉憶往的眞情與愛戀。寒夜，不寒。

雨情

「下雨天留客天天留我不留」，這是當年學生時代標點符號考試常會出現的題目，標點符號落在在不同的地方，就會產生大異其趣的解讀，將賦予另一種意義。而我每每喜歡將它標註爲：「下雨天，留客天，天天留我不？留！」

喜歡下雨天，雨可以把爸爸留在家裡陪我。無雨的日子，他從事挑磚、砌牆、抹壁的泥作工程，一遇到下雨天就無法上工，這時爸爸就會待在家裡，但這不代表他就無事一身輕能好好休息呢！雨天裡的他可沒能閒著，反倒更加忙碌了。一大清早，他肩荷起鋤頭，頭戴上笠帽，在斜風細雨中下田工作。粽葉編成的斗笠已褪色且斑駁，甚至有些粽葉已經鬆脫隨風飄動，擋擋太陽或許還勉勉強強，至於要發揮擋雨水的功能，可能只剩下一絲絲的殘值，但這頂斗笠仍然不畏風雨陪伴著爸爸，是最忠心的好夥伴。

雨中的爸爸，使勁的鏟除田埂上頑強的牛筋草，鏟得雨珠與汗珠齊下，緊接著又去挖掘清理灌溉水渠裡的淤泥，還得赤著腳下到水圳去除雜草，方可保持灌溉時行水的順暢。在雨中東巡巡西看看，忙上忙下，當走進屋裡時，衣衫總是濕漉漉的，但他總是先甩甩笠帽上的水珠，再將它好好地掛上牆壁之後，才會喝口茶稍作休息。

當爸爸在雨中挖田掘地時，偶爾會有意外的收穫，可以順手捕捉到巨無霸的田蛙。當我們看到這些活跳跳的肥美田蛙，就會興高采烈地到屋旁的小菜園採摘九層塔，白花的九層塔，葉子鮮嫩甘甜，紫花的九層塔，香氣特別濃郁，將牠們與田蛙一起烹煮，成爲香氣獨特又鮮美的清湯，一家人共同享用熱騰騰的飯菜，雨天的淒冷早被驅之屋外，這可是雨天獨有的享受。小時對田蛙清湯有著獨特的偏愛，因爲取得大不易，但是，對今日市場唾手可得的養殖巨蛙，竟望之卻步，無法用牠來烹調鮮湯，或許是缺少了一份「雨情」的連結吧！

另一種野味也是雨天特有的料理，這美食的來源必須在雨停之後，穿上小雨鞋提著小鉛桶，走進菜園裡去翻找，或是到樹林邊去尋覓，趁蝸牛難耐潮濕出來透氣之際，眼明手快的將黏稠稠的蝸牛一隻隻撿拾起來，輕輕的放進鉛桶裡面，以免一不留神將他脆弱的屋殼弄破了！當桶子裡沉甸甸之際，才心甘情願地踩著水哼著歌，戰戰兢兢地穿過濕濕濘濘的菜園泥地，一步一步沿著田埂緩緩的走回家。凝視著滿桶子的蝸牛十分有成就感，不過仔仔細細的處理起來煞是費工夫。

首先必須敲破牠圓錐形的殼，再輕巧支解爲可入菜的部分與餵食雞鴨的下雜。黏稠稠的螺肉須加粗鹽搓揉，才能除去濃厚黏膩的稠液，一連反覆搓鹽清洗三～四次之後，再以滾水汆燙，最後下鍋與薑、酒、辣椒、蒜及九層塔大火快炒，不一會兒香氣四溢令人垂涎的炒螺肉正式登場。

菜一上桌，大家的眼神充滿期待，舉箸停頓半晌卻捨不得立刻搶食，因爲這是經過辛苦彎腰撿拾，歷經繁複手續處理後才得到的犒賞，絕不能狼吞虎嚥，一定得要慢慢的，細細的品嚐才行。這時爸爸會將自產自釀的葡萄酒擺上桌，酸酸甜甜的葡萄美酒與香辣Q彈的螺肉眞是絕配，也是雨夜的醉美饗宴。

短暫的晚餐只是稍作歇息的片刻，爸爸快速梳洗之後，又是一刻不得閒，他會將日前所砍下的竹子剖片，取竹子的青皮修整成竹篾條，竹篾條的寬度厚薄都要相當一致，再取竹篾條經緯相交疊，做成既緊密耐用又美觀的畚箕，有時也會製作雞籠或秧盤。爸爸以那雙粗糙的手，編織一個又一個富有藝術氣息的精緻農具，這是多麼了不起的本領與智慧結晶，匠心獨運的工藝師也必須以此功夫紮根。

雨夜微涼，燈光昏黃，以新鮮青竹編成的器具仍留有竹子的韻味，古人常說無竹令人俗，那麼農舍田家可都絕非俗人之輩喔！爸爸就像竹編工藝的匠師，也是無人能承襲此技藝的孤獨師傅，手上一道道細細的傷痕印記，全是爲了給妻女舒適與溫飽，是他爲家奮鬥的徽章。

當父親離我們遠去時，那些曾經伴隨我們成長的竹編農具，也已完成了它們的使命而徹底引退，但每每在市集與仿古的竹藝器皿相遇時，往事卻如繪於心，總憶起那份純樸的竹韻親情。雨天，沒有桂花飄香，卻有濃濃的親情召喚，窗前的我想念著那份雋永深厚的雨情與親情。

下雨天，眞好。

那一面獎狀牆

小時候，每當獨自一人在家時，總喜歡赤著腳丫，沿著田埂路走到附近的土地公廟，坐在小小的土地公廟前，絮絮叨叨地和土地公聊天，與其說是聊天，倒不如說是喃喃自語，因爲土地公只負責當聽眾，慈眉善目的對我微笑著。

有時候感到孤單寂寞害怕時，就到土地公那兒尋求庇護；心裡受到委屈時，會偷偷的跑到土地公廟躲起來哭；有親戚朋友送來餅乾糖果時，當然趕緊先奉請土地公享用；就連學校要進行月考評量的時候，也會向土地公稟報，雙手合十恭恭敬敬的祈求，請祂保佑讓我考第一名，能夠上台領取令人羨慕的獎狀。

說起獎狀這件事，總能夠讓阿爸臉上掛滿驕傲的神情。逢年過節時，只要有親戚朋友到家中作客，大家總會對著整面都貼滿獎狀的土角牆，發出驚嘆連連的讚美聲。這時，阿爸總會昂著頭，指著牆上的獎狀得意述說著：「不稀奇啦，每次考試，倆姊妹都是前三名，獎狀多到把他們的房間全貼滿滿了，只好將獎狀往客廳的牆上貼，不信，你進去他們的房間看看！」

「哇！眞的是整個房間的土牆都貼滿獎狀，你家的查某囡仔這麼會讀書，壁紙用獎狀代替，整個村子裡就是你們家的壁紙最特別。我們家的查埔囝不愛讀冊，如果有一日天落紅雨讓他拿到獎狀，我一定會用金邊的玻璃相框好好裱褙起來，把它供在神明廳，讓祖宗們看了也開心，只是，獎狀沒辦法用錢買來自己寫啦！」小叔叔覺得不可思議且高聲的嚷嚷著。

土角厝的牆壁長年被獎狀覆蓋著，清一色都是月考成績優異的獎狀，我和姊姊各有一塊張貼的區域，我們互相比賽著誰得到比較多的獎狀，也互相比賽誰拿最多張第一名的獎狀。我總要求爸爸把第一名的獎狀貼成一整排，看著第一名的獎狀越貼越長時，心中充滿成就感。

當南風吹起，獎狀時常因爲受潮而暈染水漬的痕跡，有時還會被貪吃的蟑螂啃蝕，因而缺了角、破了洞，當東北季風破窗而入時，奮力的摧殘著無力反抗的獎狀，將它吹得搖搖欲墜，更慘的是，會招來蜘蛛掛網、蟑螂產卵，汙損了那份聖潔的榮譽。

於是，我和姊姊開始把新頒發的獎狀一一收集起來，整整齊齊地擺放在餅乾盒子裡，在農曆過年大掃除完畢之後，貼春聯的同時，把盒子裡新的獎狀也拿出來，平平整整的覆蓋在泛黃的舊獎狀上頭，這成了我們迎接新年除舊布新的另一種儀式。

這面獎狀牆，是阿爸的另一種驕傲，也是兒時一頁頁耀眼的成長日記。這面載滿認眞與榮耀的牆，在老屋改建時終究也沒入歲月的洪流裡，但是，這歷史的畫面至今仍清晰地烙印在我的腦海中。

直到現在，我仍然時常會去拜訪這座土地公廟，向祂述說著瑣瑣碎碎的事情，彷彿和一個親切且認識已久的守護者話家常。在這兒我會感受到安定的力量，也時常讓我回憶起，那些年，那些事。

為自己釀一罈酒

爸爸在土角厝的旁邊種了一棵葡萄樹，這葡萄樹長得非常強壯，春天一到，枝葉茂密，藤蔓爬滿了竹子搭成的棚架，也順著屋牆爬上了屋頂。當它開花結果時，我喜歡站在樹下，看著小小的葡萄們一天天長大，期待著他們快快成熟。

這棵葡萄樹每年都是結實纍纍，一串串青綠色的葡萄，在茂密的綠葉中悄悄成熟，圓潤透亮的翠綠在陽光下閃耀，像是綠翡翠般優雅迷人，但若將它入口咬食，可會讓口水如湧泉般分泌，眼兒也會瞇成縫，緊接著眉頭就皺了起來，原因無他，只因酸溜溜的滋味會直沁心坎裡去。如果眞要品嚐它的果實，可得等到它的外皮紫透了，才能享受酸中帶甜的滋味。可是人算不如天算，往往等不到由綠轉爲紫紅的葡萄，因爲鳥兒們早就虎視眈眈在等著，他們永遠搶先我們一步去啄食。所以，這些翠綠的葡萄得趕在未變成紫色時，趕緊採摘下來將它浸漬成葡萄酒。

每當夏日來臨，也是葡萄成熟的季節，我們會架著木梯，攀爬上屋頂去尋覓成熟飽滿的葡萄，將他們一串串仔仔細細的採收下來。將葡萄一顆一顆的剪下來，先用鹽水清洗乾淨，再把他們攤開晾乾，接著放入玻璃甕中，加入蔗糖去醃漬。經過六個月的時間去發酵，就能釀造出我們所期盼的醉人風味，釀酒後的葡萄果粒就如同糖漬的蜜餞一般，抗拒不了的滋味讓人一口接一口。

有一回，我和四姊閒來無事，一邊看著故事書，一邊吃起了釀過酒的葡萄果渣，結果一不小心貪食太多了，竟然倒頭睡到天亮，這是第一次感受到微醺的滋味啊！不過，能在寒流來襲的夜裡，喝著純釀的酒，享受著手腳溫暖的舒適，安安穩穩睡得更香甜，夢裡盡是充滿酒香的夢幻世界，是種簡單的幸福。

冬天落葉休養生息，春日發芽開枝茁壯的葡萄樹，有著我們對美酒佳釀的期待，酸酸甜甜的滋味，浸漬著歲月發酵釀成的酒香，是獨一無二上釀的私家藏酒。逢年過節、喜慶宴會、好友千里來相聚，寒夜冷風颼颼狂肆的夜裡，這經由歲月浸漬的葡萄美酒，將會斟滿映著月光的酒杯，一小口一小口細細的品嚐，有著青色葡萄的鮮脆，有著冰糖的蔗香，有著採摘時陽光的氣息。濃烈深情的這醰酒，釀成記憶深處最甜蜜的回憶。

也許因爲從小就和酒有著密不可分的緣起，因而對於葡萄酒有著一份特殊的喜愛，直到現在，總喜歡在睡覺前喝上一杯紅酒，每一口紅酒在嘴裡停留後，散發出多種層次的果香，每種韻味都能讓我回憶起爸爸釀製的酒香。

如果可以，我想再次栽植一株葡萄樹，細心呵護它長大，當它的果實成熟之際，我會親自採摘手作，搜尋腦海中爸爸釀酒的方法，一步驟一步驟踏實的仿作，要爲自己釀一罈豐盈的美酒，細細品味那深藏在記憶中的幸福。

龍井與茶骨

不知爲何，望著湯色嫩綠明亮的龍井茶，腦子裡突然湧現「共匪宣傳單」這個記憶，雖然時過境遷如此久遠，但仍是歷歷在目。

每當秋日稻子收割之後，村裡的玩伴總會相邀去農田裡撿拾稻穗，邊玩邊拾穗倒也不是眞能獲得多少的稻粒，但握著稻穗餵食自家飼養的禽畜，看著雞鴨推擠爭相搶食的景象，也是別有一番樂趣。

記得有天傍晚，大夥正在剛收割完的稻田裡拾穗，突然，「砰」的一聲巨響，驚嚇了我們這群赤腳玩樂的孩子。定魂之後，發現是一大顆空飄的氣球在我們上頭炸開了，灑下滿天飛舞旋轉的宣傳單及宣傳物品，不一會兒，有經驗的大哥哥，馬上知道這是對岸那邊飄來的氣球，帶頭教我們四處尋找這些宣傳單。這就是冬季限定的意外禮物——共匪宣傳單，將撿到的單子帶到學校交給老師，會以張計價，撿取越多會得到更多的獎金。

於是大家兵分三路，分別在樹枝頭、田裡、水溝旁、草堆中撿取宣傳單，每個發揮眼明手快的本領，各自趕緊努力彎腰的抓取大大小小隨風飄散的單子，而且不敢出聲張揚，深怕被其他人發現端倪也前來瓜分這些寶物。

那一次，除了撿到各種不同樣式的宣傳單之外，還撿到了好幾小包的物資，不知道裡面是裝了什麼東西，我只得把外套脫下來當成小提袋裝回家，看著滿滿的收穫心中卻躍不已。回家以後，將它們展現給姐姐看，姐姐們趕忙去把門鎖上，偷偷的研究起這些物資究竟是什麼玩意兒。

或許你會納悶，爲什麼得鎖上門來呢？在當時，學校給予的叮嚀是：一撿到共匪宣傳單，要一張一張疊放整齊，趕緊交到派出所或是一大早拿到學校交給老師，但這期間絕對不可以偷看宣傳單上的內容，如果有撿到傳單以外的物品，也不可以好奇打開來查看內容，因爲物品裡面可能被下毒，千萬不許偷吃以免中毒。還有，偷吃或偷看被警察查到，還可能會惹上麻煩事。

我們小小的腦子裡已被灌輸了聖旨般的交代，自然是不敢違背命令，但是好奇心使然，卻又讓人忍不住想知道撿到的究竟是何方神聖？既期待又怕受傷害，懷著忐忑的心情趕緊鎖起門來，滿足一下好奇心。姊姊認識的字比較多，她端詳物品的文字說明，仔細的研究了好一會兒，雖然上面印的是簡體字，但依據字型隱約猜得出來，我所撿到的物品是被稱爲「龍井茶」的東西，而我們一動也不敢動，將這些從天而降的茶擺放在木板桌上，等著大人們回家再做處置。

當爸爸下工騎著老爺腳踏車回家時，才剛把車停在廊簷下時，我就急忙赤著腳衝出去拖他進門，指著一包包的茶及那疊厚厚的宣傳單，央求爸爸趕緊把這些從匪區飄過來的東西送去派出所。他看我們一副緊張兮兮的樣子，也顧不得一身髒污，立刻找條花布巾將這些撿來的單子與茶葉包裹起來，把它吊在車把手上，踩著ㄍㄧㄍㄧㄍㄨㄞㄍㄨㄞ的老爺車急急向派出所奔去。

直到天色已暗爸爸才踏進家門，我們急著詢問總共可以獲得多少獎金？原本滿心期待，但結果令人有些失望，因爲警察給的理由是：只有宣傳單可以換錢，茶葉怕是含毒的危險物品，得上繳到其他單位化驗，這手續挺麻煩的，是可以幫我們把物品呈報上去做檢驗，可是無法給予獎金。

喔！空歡喜一場，姊姊還取笑我是撿到麻煩事，讓我頓時像消了風的氣球，氣得一屁股坐到地上去。就在此時，眼睛也瞥到靠牆邊的桌子底下，還留下一小袋撿來的茶葉，天啊！應該是兵荒馬亂之際被那隻貓兒撥弄下來的。哇！爸爸又得再到派出所走一趟了，雖然已知沒有獎金可拿，但還是得守著規矩，再度踩著老爺車出門，將這可能含有毒性的東西交出去啊！

來回奔波兩趟的爸爸，臉上有些懊惱，又帶些狐疑，也察覺得到帶著些許的不悅。善於察言觀色的我，挨著爸爸的身邊問他怎麼回事？爸爸淡淡的說著：「剛剛那些警察跟我說，茶葉是要送上去其他單位查驗看看有沒有毒？啊，哪知我一衝進派出所，看到他們正在泡茶，一看到我進門，嚇得趕緊把那包茶葉塞進褲襠子裡。這些人，把我騙得團團轉，當我是憨老百姓。」

雖是如此，他還是把最後的一包茶葉，恭恭敬敬的交了出去。年紀還小的我，還跟爸爸爭辯著說：「人家老師交代的就是這樣，我們要聽老師的吩咐，不然會惹禍上身啦！」

阿爸聽完，笑著說：「好啦！你們那麼聽老師的話，金好啦，至少不會變壞。我們窮人喝茶骨就很有滋味了，那些出名的大陸茶，也喝不慣啦！隨在伊去啦，交出去的東西就免擱再去想啊！」

轉瞬間也經過快半個世紀了，這龍井茶及宣傳單的事件，也漸漸變成一件有趣的往事了。品著朋友攜回的上等龍井茶，又想起阿爸說過的話，的確，手中這杯清香味甘的龍井茶，有著遠方生疏的氣味，反倒讓我懷念起茶骨焦香的淡淡茶味了。

藺草香

一個靠海的小鎮，有著秀麗的地名──灣麗，這裡是早期道卡斯族居住的地方，當時叫做「喔灣麗」，後來演變成了「灣麗」，最後形成今天的「苑裡」。阿公的家離海邊甚遠，位於灣麗的另一頭，一個被低矮山丘圍繞的小村莊。

一畦一畦的藺草田將阿公的家包圍住，碧綠的藺草直挺挺的站立在水田裡，正三角形的草莖，細長又柔軟，風一吹來，藺草會隨風舞動，掀起一波波的綠浪，每根藺草的頂端還開著小小的花，在陽光下散發著獨特的藺草香氣。

當時，在苑裡坑這一帶，家家戶戶都是栽種藺草，當藺草長到快一人高的時候，農人就開始下田收割，將一綑一綑青綠的藺草，在曬穀場上展開成扇形，開始接受陽光的洗禮，此時，空氣中會充滿淡淡的藺草香，直到將綠草變成金黃色，才可以收起來存放。

有時天氣好，不到一週就可以將藺草曬成香氣十足，顏色美麗的乾草，適合用於編織成草蓆或草帽；有時天公不做美，連日陰雨，曬個十幾二十天也是常有的事，藺草的顏色也會因此容易轉黑，無法作爲編織的藺草，只能作爲綑綁金銀紙或是綑綁食材及雜物的用途。

小時候的我，喜歡蹲在大人的身邊，好奇的看著媽媽和左右鄰居如何編織蓆帽。他們在動手編織前，會準備縫衣針將草析成大小適合的單片，再將草捶揉成適合編織的柔軟度，才能順利起底編織。

最適合編織成高級帽蓆的草，就產於阿公家這一帶，這裡的土質混合著火炎山沖刷下來的沙泥，挺適合播種藺草，種植出來的草芬芳郁香，纖維長有彈性，是舒適度高的天然綠色纖維，而且草的香氣歷久彌新，非常受到編織者的喜愛。

藺草曬乾後需再經過撿草分類才出售，莖長得越長的越貴，因爲在編織的時候省掉許多接草的工序。除了作爲編織素材之外，它還可作成藥材使用，全盛時期，這山腳下的聚落家家戶戶都改種藺草，它可是閃亮的綠色鑽石。

阿公是頂港有名聲，下港上出名的拳頭師傅，他的推拿技術一流，大人或小孩遇到筋骨腫痛不適，挫傷扭傷或是刀傷蓄膿，幾乎都會不遠千里前來請求阿公幫忙醫療。話說阿公的治療手法眞是奇特，最佳的祕密武器就是由他親手調製的獨門藥酒，每種不同顏色的藥酒，有著他專屬的藥性與使用時機。

在醫療之前，阿公會仔細的觀察患者傷處的腫脹情況，先施以不同力道的按摩，依據按摩後呈現的現象與反應，再判斷須使用哪一種藥酒，緊接著在病患腫痛之處塗抹藥酒，才正式開始施展他的推拿技術。

推拿過程中，有時病患耐不住疼痛而大叫，阿公也會中場休息一下，讓病患稍作喘息；有時候卻不然，儘管病患早已痛得呼天搶地了，但他無動於衷毫不留情，繼續以強而有力的手勁推拿著，其中的準則全憑他的直覺去判斷。

當他汗流浹背的時候，也就意味著治療即將告一段落，阿公深深的吐著氣，病患此時也鬆了一口氣。最後的階段只要再敷上青草藥，所有的推拿過程就算大功告成。

有一款藥方是阿公最常使用的，這配方是就地取材，將曬乾後的藺草燒成灰燼之後，調和特製的青草藥酒，然後敷在出血或腫痛的部位，會產生意想不到的消炎止痛功效。

藺草怎麼如此神奇啊！嚴選之後的長草是編織的好素材，這是眾所皆知，偏硬微黑的次等短草被用來作綑綁的素材，也老早被廣泛使用，至於作成藥方子，還眞是令人大開眼界，但是不管如何，有效最重要。阿公的威信能屹立不搖，相信，藺草灰作成的敷劑，必然是有發揮散腫、療淤與止血的功效。

對於阿公推拿的收費方式，也是讓人津津樂道的，他不收現金，也不接受其他禮物，每次上門來請求診治的，必須準備燒酒當作謝禮，什麼種類的酒都可以，自己釀造的酒，或是商店購買的燒酒，來者不拒。至於，如果多準備幾瓶酒前來，服務的內容會不會有差異？就全依阿公的心情囉！誰也說不準，這就是拳頭師傅的傳奇，所以，阿公的另一個雅號就是——燒酒仙。

若說藺草是綠色奇蹟，名符其實一點也不爲過，它帶給這個小村莊以編織蓆草藝品聞名，在當時，全省有名的大飯店都會採用村莊裡所編織的草蓆，甚至被當成精緻工藝品外銷到日本呢！阿公的推拿技巧搭配獨門的藺草灰配方而相得益彰，也因而聲名遠播。

這一畦一畦的藺草田承載著村莊的榮耀與繁榮，男人們下田播種藺草維持了家計，而婦女們以藺草編織了自己的一生，千條萬條起花紋，編就出鄉土特殊的藺草情誼。如今，這小小的村莊人口大量外移，向晚的夏日不復藺草飄香，稻田裡的白鷺慢飛，找不到耕田的牛背可供歇憩，遠處滿樹的白鷺棲息，繪成了另一種恬靜的圖畫。

山村靜好，踽踽漫步黑瓦屋前的田野小徑，回憶著浮上心頭的藺草鄉情，何時，藺草能再度飄香？何時，燒酒仙推拿師傅的傳奇能再次被傳誦？消逝的記憶，總是讓人惆悵。

意外的訪客

我在土角厝出生，那是阿爸和朋友合力所建造的土磚厝。將泥土拌成泥漿，加入稻穀殼攪和，經過踩踏攪拌後，將土漿填入框模，日曬乾燥的土磚就成了屋身的主角，一塊塊土磚仔仔細細的堆蓋，房屋的外牆刷上了黑泥灰，屋頂覆蓋上瓦片，屋身開著竹欞的窗框，就成了冬暖夏涼遮風擋雨的土塊厝，一家大小就擠在這間由阿爸親手以土角建造而成的屋子裡，交織出土角厝的生活點滴與記憶。

土角厝並不大，我和三姊共用一個小房間，兩張躴跤床分別靠牆貼齊，中間靠窗擺上一張四方地圖桌，這兒就成了讀書、寫字和睡覺的小天地。躴跤床是我為自己的小床所取的名字，所謂的床，就是在四根高高的杜腳中間鋪上床板，如此而已，床底下還可以擺放堆疊一甕甕的醃漬物品，也常是小貓睡覺及捕捉獵物的藏匿處。房子位在田中央，左右鄰舍相距甚遠，前來走動的鄰居鮮少，倒是常吸引許多不速之客造訪，這些稀奇古怪的入侵者，成就了生活中的經典傳奇。

每天必會報到的客人，就是一隻隻膽大的田鼠。這些田鼠盤據屋外的甘蔗田，地廣蔗多造就出他豐美的身軀，牠可是連在大白天也會大搖大擺地出沒，目中無人狂妄的在屋裡悠哉閒晃，開心時還會尖聲吱歌，偶然與貓四目相視，再來場鼠輩逃亡生死大作戰，這種戲碼天天上演，膽小的我也早就習以為常，不足為這些鼠輩的造訪而大驚小怪牽腸掛肚。只是每當夜闌人靜之際，牠們呼朋引伴的在屋椽上嬉鬧賽跑，吱吱喳喳的挑釁著屋角的貓兒，貓兒偶爾也會野性的咆嘯以對，這一來一往的吵雜對峙往往擾了我憨甜的美夢。但是，起身喝止又是大費周章之事，算了，隨他去吧！牠們累了自然就會有歇息的時候。

白日偶爾也會遇上浪漫的藝術工作者。獨行俠黃泥壺蜂常會租牆築巢，雌蜂會先飛到水源處吸水，再將水往乾的泥沙上吐，和出泥球後用兩隻前腳抱到他所選定的牆角落，接著四隻後腳站著，兩隻前腳抱著泥球施作，嘴巴更是沒停著，擔任塗抹修飾的裝潢工作，當然觸角也得當手來使用，需協助扶著泥球，才能建造出一個完美的圓型酒壺狀巢穴。有時是雙拼的別墅，有時是二層樓穴，這些作品全是精雕細琢純手工打造，獨一無二的「藝術家」。

泥壺蜂可是高效率的，一做完巢穴馬上產卵，產完卵後繼續工作，將一條又一條的肥美鮮綠的菜蟲，塞進土穴裡當小蜂未來的糧食。等到工作完畢之後，牠會將穴口密封，然後對巢穴再次補強，一連串的藝術戲劇完美殺青。每當夏秋時節，屋前屋後裡裡外外的土牆上，布滿了壺穴裝置藝術品，蔚爲奇觀呢！

夏季的夜晚，我們總會將窗子打開，迎接涼爽的晚風，也迎接那提著小燈前來拜訪的小精靈，牠們成群在田野間飛舞，飛著飛著，織成了一條螢光大道，在淡淡的月色下與星月交輝。偶爾也會由窗飛進我的房間，駐足停留片刻，此時，常幻想自己是森林裡的魔法公主，邀請這飲露而棲，舞影而飛的精靈閃亮登場，爲我上演一齣浪漫唯美的銀河月光故事。而這些翩翩飛舞的流螢，清一色全是雄螢，至於雌螢因缺少了雙翼，只在草叢林間靜靜閃著螢光，成爲這場盛大歌舞劇的幻影背景。

在盛夏的光年之中，無映雪亦無囊螢，我卻有著蛙鳴與飛螢，享受著夜涼如水，純賞滿屋的如夢實境。牠們總在綿密的夢境中辭別，將閃爍的光芒演繹成幸福的時光，雖已遠離了數十載，卻仍縈繞心間時時浮現。每年螢火蟲季節一開始，我的心中總是惦記起那一盞盞的螢光，明明滅滅，閃閃爍爍，閃著閃著把兒時的歲月點亮了。

秋季時節，屋前的水稻田總會有意外的訪客，愛冒險的毛蟹會從水圳小溝爬入水田，進行禾蔭大道漫行，再趁著黑夜風高時節悄悄的從屋邊牆角潛入。清晨時分，總會被那ㄑㄧㄑㄧㄘㄨㄘㄨ的聲響喚醒，只見牠搖動著深棕色的身軀，神氣地高舉他毛絨絨的大螯，腳上的剛毛也精神飽滿的招搖著，在躲跤床下有恃無恐的探索著，連在一旁監視著的貓兒卻也不敢輕舉妄動惹惱牠。畢竟牠身上的雙剪可是閃著銳利的刀光，連身為萬物之靈的我也對牠敬畏三分，井水不敢犯了河水。

床底下曬不到太陽，扎實烏黑發亮的泥土地十分沁涼，成了河蟹夏日避暑的聖地，難怪常有入屋小憩的旅客。牠們搖搖擺擺的來，卻輕輕悄悄的離開，未帶走任何一片清涼，只留下淡淡的蟹痕足跡，又繼續踏上前往大海的旅途。

除了蟹友會從水田來拜訪之外，還曾有背上刻著「福」、「祿」、「壽」、「喜」等吉祥字的放生龜，也會從門前的河流悠然上岸觀光，有時棲息個一天，有時長達三～五天才繼續啓程，看著龜大爺漫遊土角厝，別有一番樂趣。

民間的信仰倒也十分矛盾，認爲做功德有助於長壽，放生烏龜就肩負起特殊的使命。因爲烏龜本身長壽，認爲放生就是解救了牠，不然可能面臨被殺的命運，所以，根據因果律，你買下烏龜將其放生，就會得到長壽的果報。也因此，門前的那條河流，在農藥尚未被氾濫使用時，總常見到烏龜在河邊的石頭上休養生息。只是，背上刻著那些連牠自己都不懂意義的字體，牠又如何傳送這些重要訊息給諸神佛呢？龜兒何其無辜？

然而土角厝裡最驚悚的入侵者，非就這號角色莫屬了。在一個潮濕悶熱的雨天，我和姊姊睡得香甜，突然被窸窸窣窣的微弱聲響吵醒，隱約知悉又有不速之客造訪土角厝大閨房，但睡眼惺忪時也未能察覺來者是何許人也，更遑論知悉來者的意圖是善？是惡？姊姊與我的床是兩兩相對，我瞥見姊姊倏地正襟危坐，面色青恂恂，渾身打顫說不出話來，抖著手直指向我的床底下，接著接結結巴巴的吐出一個字——蛇。

天啊！我旋即彈跳起坐，將身子退到床的最裡頭，可是這條蛇雙眼炯炯有神直盯著我，黃褐色的身子還有花紋交錯，身體有明顯的黑色橫紋，橫紋兩端各有一白色斑點，昂首挺胸猛吐著那分岔的信子，迅速且頻繁的伸出舌頭，快速振動ㄘㄚㄘㄚ作響，彷彿要從空氣中搜索出獵物的氣味隱藏在何處？

牠嚇得我魂不附體，牙齒不聽使喚ㄎㄚㄎㄚㄎㄚㄎㄚ，猛烈又快速的上下撞擊著，想閉眼默念南無觀世音菩薩，卻又怕牠在闔眼之際趁機偷襲。驚慌失措的我忍不住放聲大哭，震耳的嚎啕聲成了救命咒語，牠飛也似的滑行而逃，一溜煙消失得無影無蹤，莫非眞的是被我淒厲的哭聲嚇逃了？

至今，我仍不敢相信，草尾ㄚ蛇怕我的眼淚？草尾ㄚ蛇怕我的嚎啕聲？還是蛇心善良不忍我驚嚇？總之，牠從我的床底下一路蛇行到屋外，連頭也不回的離開了。

我和姐姐不知經過了多久才稍稍回了魂，癱軟著腳步下床去找阿爸，心有餘悸哽咽的向他訴說這場驚魂記，沒想到爸爸竟然氣定神閒地說：「免驚啦！黑係草尾ㄚ蛇，伊愛逗熱鬧啦！袂怎樣，人驚蛇，蛇愈驚人勒！」當初不以爲然，如今回想起來，阿爸說的話不無道理，事實上，大多數的蛇看到人類的反應，往往是趕快逃跑，盡量不與人類發生衝突。

而阿爸口中說的草尾蛇性情溫和，在台灣被稱爲「土地公蛇」，因爲傳說花浪蛇是土地公女兒的化身，因此務農的人，如果遇見她也禮讓三分，絕不會將她捕捉擊死。對於蛇而言，極少主動攻擊人類，自食其力求生存，反觀人類，捕蛇烹肉燉湯，取其身泡酒，割其膽製藥，蛇類和人類相比，到底何者令人畏懼？又何者更爲邪惡呢？

土角厝靜靜佇立一甲子，歷經九二一大地震的考驗，牆面雖已斑駁，土磚雖被雨淋風蝕但仍屹立在那裡。牆面的壺穴早已灰飛煙滅不復存在，昔日攀爬覆蓋屋頂的綠蔭葡萄藤也只剩枯藤殘椏，螢火蟲更是退居更深的山林隱蔽，不再爲水田夜裡提燈巡守，只剩那溫和的草尾ㄚ蛇，偶爾仍會恬適的在田埂上享受日光浴。海天的夕陽落日依舊火紅，水田裡不時傳來與風清唱的水稻歌謠，灌溉的溝渠早已少了蝦兵蟹將的嬉戲，景色是否依舊？心裡總有說不上來的失落。

土角厝，你懷念年幼時期的朋友嗎？少了意外的訪客，土角厝，你寂寞嗎？靜靜守候你的身旁，有我，你不孤單。

第三輯　鄉野朋友

一沙一天堂
一花一世界
綠茵花草的情緣
點綴鄉野的童年
無私的贈與花香
繾綣餘香藏心間
輕輕淺淺的思念

七面鳥

在我六、七歲的時候，房屋旁邊搭了一個小雞舍，養了許多隻火雞，當牠們還小時，會在牠們的雞舍裡點上燈泡，幫牠們保持光亮及溫暖，爸爸說這樣小火雞才能長得健康。

每天一大早，我們小孩得各司其職，分別將粗糠及米糠拌在黃豆粕裡面，然後去餵養牲畜們。以前飼養牲畜的地方並不像現在這麼乾淨，往往總是一地屎泥，下過雨後更是屎流成河，要踏進裡面餵雞、鴨、鵝，除了要忍受那股臭味，還必須當心腳下處處是黃金，一個不小心可會惹屎上身，不可不慎。

餵雞鴨食料的過程安全性高，因爲牠們攻擊人的興致並不高昂；餵鵝的時候可就不一樣，牠情緒一來就會伸長脖子低著頭，擺動著翅膀乘勝向你追擊，你越是逃跑，牠追得越是起勁，被鵝的嘴巴夾住，好比和同學吵架被擰上一把般疼痛，還會瘀青出血；至於火雞，那更是無敵殺手，攻擊人的手段快狠準，窮追猛啄，即使你拔腿快跑，仍難逃牠的狙擊，讓你滿手滿腳傷痕累累。

火雞又叫做七面鳥，從頭到脖子有紅、藍、紫等多層次的顏色變化，牠的長相令人印象深刻，有個淡藍色的大光頭，頭上有肉冠，脖子上滿是皺巴巴鬆垮垮的肉垂，臉上也掛著一條像紅色辣椒的肉垂，樣子十分奇特。公的火雞為了展現雄風，常常會鼓起帶有青銅光澤的黑羽毛，也會把翅膀及尾巴張開，不時噴氣發出咯咯聲，當牠心情暴躁的時候，會快步接近你，用銳利的尖嘴啄個你閃避不及。

小時候過年是最開心的，有一年，媽媽特別為我剪裁新衣服，終於不必再撿姊姊們穿不下的衣服，心中雀躍不已。我穿著紅大衣，開開心心的在院子裡轉著圈圈，一圈又一圈的唱著跳著，正當玩得暈頭轉向時，一群火雞衝出雞舍朝我攻擊，牠們囂張的追著亂啄，將我團團包圍住，無處可逃的我嚇得驚聲尖叫。幸好爸爸聞聲趕來，急忙拿起掃帚猛打，將這群惡霸驅趕回巢，才解除了這場令人癱軟的火雞恐攻。

歷劫之後的我，小腿卻留下好幾處的雞啄血痕，疼得我嚎啕大哭，紅色的新衣也因此被沾滿了滾燙的淚水啊！有了這次驚險的經驗，才知道火雞對於紅色是存有敵意的，被火雞追啄的駭人經驗烙印在心靈，讓我好久都不敢再穿紅色的衣服，以免又慘被火雞盯上重演驚魂記。

在當時養火雞蔚為風氣，家家戶戶或多或少都會養上幾隻，每天清晨都會聽到從四面八方傳來咯咯咯咯刺耳又響亮的啼叫聲，此起彼落不絕於耳。那個時候，在各班級有個蠻流行的綽號——火雞母，被冠上這個封號的通常是女生，一定是個大嗓門的角色，說話尖銳刺耳像是火雞的叫聲；還有另一個形容女生老態的詞語也出現了——火雞脖子，女人的臉皮如果像火雞的脖子一樣鬆垮下垂，鐵定早就不想照鏡子；至於如果有人誇張的說他的「火雞母皮掉滿地」，那就可見事情的驚嚇指數破表非同小可，突起的雞皮疙瘩肯定是偌大非凡。

總之，這些新鮮語詞都是因為火雞而被創造出來的，但是，隨著火雞的熱潮退燒，現在這些有趣的語詞已退隱山林不再被提起了。對於火雞的印象，現在大概只剩下火雞肉飯這個耳熟能詳的地方美食了。

養火雞除了要慎防被攻擊之外，辛辛苦苦的餵養長大以後，當牠成熟待宰時，這又是一件勞師動眾的大事。先把要宰殺的火雞抓住，用繩子把翅膀和腳都牢牢綑綁起來，防止牠臨陣的掙扎逃竄，然後須兩人合作，一人負責制伏火雞，踩住雞的腳及翅膀，用力將牠壓制在地上。

而負責執刀的人，需先把脖子上靠近雞頭部分的毛拔除乾淨，再用磨亮的菜刀精準的割斷牠的氣管，放血直至血流盡，然後解開綁雞翅膀的繩子，放在大的盆中，再沖倒滾水浸泡雞身，趁熱的時候趕緊把雞毛拔乾淨，連毛根和毛刺都一一清除，最後將肚子裡的心、肝、肺等內臟掏出來清洗乾淨，在清除內臟時，最要留心的是不能將膽弄破，要不然牠的膽汁沾染到其他的內臟，可就讓所有的下水都帶上苦味了。當所有繁雜的清洗工作完成之後，將雞隻瀝乾血水就可入大灶的鍋子裡悶煮。

每當媽媽宰殺火雞時，會一邊拔除脖子上的雞毛，一邊唸著奇特的咒語：「做雞做鳥沒了時，刣刣ㄟ予你趕緊去出世。」接著利刃刺喉，此時雞隻會使盡全力奮力一搏，壓制的人需特別用心觀察，等到牠無力反抗時才能鬆手。

有一次，已被割喉的火雞，竟頑強的使盡最後氣力一躍而起，我根本壓不住牠搏命掙逃的力道，腳一滑，手一鬆，後果就十分狼狽悽慘了，一場血淋淋的火雞逃亡記就此上演。

大家先是一陣愣接著又是一陣慌，大人們七手八腳的追趕著這隻沿路淌血逃脫的火雞，那血淋淋的景象眞是觸目驚心，好像兇殺命案現場，膽小的我嚇得瞠目結舌渾身發抖。當那隻命中該絕的火雞被逮回來時，我早已渾身癱軟，連正眼都不敢再瞧一眼，遑論再去協助壓制牠啊！只好在遠遠的地方一遍又一遍的默念著咒語：「做雞做鳥沒了時，被宰了以後趕快去出世。」

目睹過這一次「血淋淋」的經驗之後，每當逢過年過節要宰雞殺鴨時，只敢幫忙後半段的清理工作，我會將拔下來的雞毛整理得乾乾淨淨，然後將晾乾的雞毛整整齊齊的收存起來，為什麼要如此大費周章呢？因為雞毛可以做成雞毛撢子，會有人騎著腳踏車到鄉下挨家挨戶收購，越乾淨越漂亮的雞毛價格越好，那可也是一筆小小的額外收入，成為我們購買零食的基金，當然得更加用心整理收集啊！

這些難忘的經驗，現在都已成過去式，鄉下養雞的人也不再親自宰殺了，以前過年過節，家家戶戶在院子裡宰雞殺鴨的景象，早已成為歷史的畫面，至於雞毛或鴨毛也都無人收購了。這些我們曾經歷過的歲月，不管甜蜜美好或是酸澀苦悶，都是生命中難忘的往事，這些曾經會一直珍藏在腦海中陪伴著我。

夾竹桃花情

小時就讀的校園裡，種了一整排夾竹桃，它的葉片如柳葉細長，也像竹葉優雅，葉子的表面上光亮有蠟，所以不怕寒風吹襲，即使冬季寒風凜冽，仍然傲然翠綠；夏季盛開滿樹頂，粉紅的花瓣重重疊疊猶若桃花，一把桃花傘撐住熾熱的艷陽，在南風的輕拂下飄散著淡淡的花香。

這排夾竹桃承接風霜雨露的洗禮，暮春時節開始綻放豐潤而艷麗的花朵，直到初秋仍有它的芬芳氣息，是如此平凡堅韌，風裡雨裡，嚴冬酷暑，獨自花開花落，一年四季爲校園增添美麗的色彩。

但這片夾竹桃林是孤寂的，學校嚴禁孩童在此地嬉戲，就連環境修剪與整理，也只有工友伯伯能夠靠近。因爲它被稱爲啞巴花，大人總會告誡我們不能摘它的花葉把玩，更不可採摘它的枝條當筷子用，不然枝葉一沾上身就會中毒，嚴重會致命，一不小心毒性傷及腦部，說不定會變啞巴說不了話。從小被師長如此耳提面命著，對它存有敬畏之心，深怕一個不小心就被毒害了。

長大後更加清楚的知道，它可是世界上知名的劇毒植物，全株都含有豐富的乳汁。當折斷其枝幹或葉片，白色乳汁就會從折斷處汨汨流出，它可是含有劇烈毒性，即使根葉枯萎了再加以焚燒，產生的煙霧仍是毒性猶存。而美麗的花朵也是毒藏其中，曾經讓搖頭族把夾竹桃的花朵水煮蒸燻，以鼻子吸食煙霧來替代迷幻藥，使精神亢奮並產生幻覺，達到迷幻的效果。唉！這既豔麗又秀雅的花，讓人只能遠觀，不敢一親芳澤啊！

偶然的機緣下重返母校，那片夾竹桃林已被砍除，取而代之的是綻放金黃花串的阿勃勒，風兒一吹，下起黃金花瓣雨，一地的花雨浪漫滿分。儘管阿勃勒懸垂飄逸風姿綽約，但不屬於小時的記憶版圖，歸屬的情感尚未有它，小時腦海中的夾竹桃花園已蕩然無存，佇立在翩然而落的黃花雨中，難免徒留些許的落寞。

若說因它有毒，爲了保護學童安全而將它驅除於校園淨地，是有其必要性的考量，但更積極的作法，應該是清楚的讓大家了解它的特性，避免於野外相見不相識而誤觸其毒。它以自身的毒武器保護自己，讓外來攻擊的蟲蟻受到毒害，也讓聰明的蜂蝶不敢覬覦它的粉蜜，鳥兒也不輕易對它放肆，人類更是對它退避三舍。善用自己的護衛本能，因此總是常保青翠蒼鬱，恣意地綻放著灼灼桃花，它可是自食其力護衛安全，多麼睿智呢！

雖然與生俱來就是紅顏藏毒，但掩蓋不住潛在的光環，它能防風、抗污、擋塵，可以清除烏煙瘴氣，堅韌的生命力讓人不得不稱他爲環保勇士。夾竹桃兀自翠綠，兀自展妍，編織千樹萬樹桃花開的夢幻，默默的爲淨化空氣付出努力，何害之有？何須對它趕盡殺絕？

以自身的毒性保護自己，這是多麼光榮的能力，若因其毒而伐之，可道是欲加之罪的手法；人類本身無毒，但多少人以無毒的身軀製造不勝枚舉的劇毒行徑，明知山有虎，卻讓人抵抗不了誘惑偏上虎山以身試毒，又有何方良策可以對此事撻伐與制裁呢？同樣是包藏劇毒卻呈現兩樣情，可眞爲夾竹桃受到的委屈感到心疼啊！

每當車行經高速公路時，遠遠瞧見一樹一樹盛開的夾竹桃花，粉紅色的花海迎風自在悠然，心中總會爲它喝采。夾竹桃啊夾竹桃，莫憂疼惜你者寡，花開時節清香可掬，即使蜂蝶蟲鳥未來相伴，何妨？

我的鄉野朋友

屋後稻田的防風林邊，是一片嫩綠柔軟且滿溢野花香氣的錦草地毯，當你投入他的懷抱時，滿地芳草總是輕輕柔柔的親吻著你。將小小的身軀交付這片綠海，舒心怡情與藍天白雲凝望，享受湛藍的天際，幻化浮移的霞雲，清風時而輕拂，時而沉寂，竹喧舞韻繚繞耳畔，徜徉在稻禾綠茵旁，聞著淡雅的稻香，忽隱忽現，忽遠忽近，這是鄉間獨有的餽贈，預言著豐收的底蘊，在向晚的純樸鄉徑裡，盡是耕耘的氣息。

這方小天地裡，孕育著數不盡道不清的奇花異草。害羞膽怯的含羞草，開著粉嫩嫩的花，圓圓的花球是由許多小花所組成的，一絲絲向外綻放柔柔的浪漫，我總喜歡將臉悄悄的依偎在這小絨花球上，想像著被緋紅的小花暈染上一層薄薄的脂粉，漾著青春眞切的笑靨。

偶爾，頑皮的指尖總愛逗弄它害羞的葉兒，羽毛似的綠葉總被靈巧的指尖捉弄，輕輕巧巧的靠近，一碰，馬上趕緊羞答答的合上葉羽，哇！你眞的害羞嗎？等了半晌仍低羞不語啊！多願你是嬌羞的媚娘，靜靜綻放花海，輕輕開闔綠葉盎然，然而，你卻是不可輕忽的角色，一身的毛絨和鉤刺是最威嚴的武器，那會猛然爆裂的莢果，種子御風鷹揚，足以讓你子孫威風四方，稱霸整片草原。你是柔情似水的姑娘，也是精悍足智的漢子！可遠觀，宜近賞，獨不可褻玩焉。

相對於含羞草的剛柔並濟，酢漿草是靜默帶怯的使者，總是盈盈企盼你不經意的回眸，期待你驚鴻的一瞥，發現那份偶然的幸運。酸酸的葉兒，呈現可人的愛心形狀，輕輕咀嚼像是清爽的野菜汁，是另一種滿足口慾的補給品；而隱藏於地底下的根，像極了小蘿蔔，相當誘人的甜美，是孩提時候扮家家酒的佳餚美饌；那綻放著粉粉淺淺的小紫花，一朵朵傲然盛開，從不結果，卻總能在陽光下笑得燦爛無憂。

一般酢漿草的葉子是由三片心形小葉聚合而成，由四小葉聚合而成的透亮綠葉，則化身為眾所追尋的幸運草，在十萬株中，你可能只會發現一株是四葉草，機會率大約是十萬分之一，因此幸運草總在人們心間藏著一份神祕的美好。即使只緣繫一面，仍會讓你怦然心動，彷彿世界的甜蜜與幸福會因與之相遇，而美夢成眞。

另一側靠圳溝旁的角落，幾株張著手向四周蔓生的火炭母草，常是神采奕奕的享受驕陽的禮讚，他們有著卵形的綠葉，葉面上有著V字型的斑塊，倒是像極了台灣黑熊的領巾刺青，十足的「灣生」胎記。它的莖像極了小人國裡的甘蔗，入口嚙咬，會有清香帶些酸甜的汁液漫入舌尖味蕾，霎時精神為之一振，有著類咖啡的神奇特效。

她所綻放的小白花更是令人不禁莞爾，彷彿是黏上一顆顆煮熟的白米粒般，難怪在長輩的口裡也稱他是「冷飯藤」。當它的果實成熟時，又呈現晶瑩透亮的黑鑽莓果，因爲黑溜溜的，像極了火炭，因此又多得了一個封號——火炭母草，人們可眞是會以貌取名啊！

這火炭母草渾身是寶，嫩葉可以熱油快火炒食，將根燉煮還可成爲長高的獨特祕方，而成熟的黑色果實可加入白米飯中烹煮，能讓米飯清香甘甜爽口，天然的色料將米飯呈現黑白的色彩，是天然的美味調魔法師。不只人們喜愛，連鳥兒也對它愛不釋口呢！

這方小小的植物天堂角落，另有一種不甚起眼的野草，生命力出奇的旺盛而且生長極其快速。葉脈中間有微微藍紫色，邊緣不規則鋸齒狀，一朵朵呈現磚紅色的管狀小花，總是低著頭呈現羞澀的模樣，也像是小小的蓮蓬頭一樣，當花兒成熟以後，潔白的絲絮如一團團的棉球，隨風而起，飛散四處。它是誰？它就是在野菜界裡赫赫有名的昭和草。

昭和草這個名字聽起來非常日本，昭和草在原住民的族群裡，也被呼稱為「飛機草」。傳說是日治時期昭和年間，因二次大戰時，在臺長期作戰的日本士兵需要食物，所以用飛機撒下種籽讓昭和草繁殖於鄉野之間，形成現在遍地的昭和草。雖然這是個不可考的傳說，也總算是對它的身世起源有了得以釋然的解釋。

這從天而降的野菜，口感及味道與我們在秋冬季常吃的茼蒿非常類似，清炒或是涼拌都是人間美味，足以擊退那些溫室精心栽植的時蔬。他在我的心中存有個最美的名字——神仙菜，在開花之前採摘烹煮，味道鮮嫩甘美，享用之後心情愉悅快樂似神仙，多美麗的夢幻意境，你說呢？

乘著微風的溫柔，我總喜歡自言自語地與我的植物朋友們絮絮叨叨，時而淺淺會心一笑，時而低聲喟嘆，時而隨意哼唱，它們總仔仔細細的收藏我的心語，回以青草氣息的撫慰，與它們共舞於風的圓舞曲，譜出我的無憂童年，織就我的曠野紀行。

如今，這些自然與共的記憶，猶如酵素催化，逐漸甦醒，如是鮮明眞切，緊緊相擁依偎，欲將落寞悄然療癒。植物的靈性是自然的良藥方帖，撫慰著需療傷止痛的兒時同伴，痛的是我，無私的，是你。有你，繼續向青草更青處續行，尋找心間的那株幸運草。

鴛鴦藤

水溝旁兩岸與田埂防風林邊，到處都長滿了金銀花，它們生命力旺盛，只要陽光照射，水分足夠，枝條粗壯長得極快，蓊蓊鬱鬱一下子就攀爬到樹上。春天一到葉茂花繁，金銀花連接成一道綠籬花海，淡雅的香氣隨風飄送，越晚越發清香。

以前，我總以爲它是雙色花，可以在同一棵樹裡開著黃、白兩種顏色，幾經觀察後猛然發現，原來它的花苞發育過程是從青蕾、綠白、大白針、銀花到金花、凋萎花的演變情況。初始綻開的花是純潔的白，過了一兩天以後就逐漸變成柔柔的鵝黃色，繼而轉爲亮麗的金黃色，所以一棵樹上同時擁有著綠、白與黃互相輝映的色彩，因此被稱爲金銀花。

它還有一個非常浪漫的名字鮮爲人知，因爲同一個花梗會有兩朵並蒂而開，綻放時成雙成對形影不離，微風輕吹，花朵好似鴛鴦影舞，所以被稱爲鴛鴦藤，多麼幸福且深情的名字啊！

小時候，每到金銀花的產季，趁太陽還沒高升的清晨，和朋友一起背著小竹籃，沿著岸邊的田埂找尋含苞待放的大白針，在這個時候採摘的金銀花氣味濃顏色好，淡淡的香氣不時隨風沁入肌膚裡，使人神清氣爽，它們能曬出品質好的金銀花。

一朵一朵輕輕採摘，小心的將它攤放在竹籃子裡頭，可得輕拿輕放千萬不能傷到花蕾，一旦受傷就會爛掉，可會前功盡棄。至於那些已經盛開的金銀花，就讓它們繼續留在藤上，妝點自然的美景，怡養鄉間淡雅的香氣，因為它們已失去了藥性與營養價值，中藥商是不愛收購的。

當竹籃盛滿了鮮採的花朵，就將小花們收集起來攤平在竹篾墊上，在屋前的曬穀場上做日光浴，在這過程中可千萬別好奇亂翻攪動花朵，否則一個小小的失誤，花色一定會轉黑，顏色受損了價格也就跟著跌落，所以不可不慎。經過豔陽的洗禮，光的熱力將金銀花的香氣封印了，陽光的氣息也沉入花房裡，每朵金銀花散發著獨特的藥草香。

當它們經過兩三天的曝曬之後，揀去細梗枝葉及雜質，就算大功告成，可以攜至街上的中藥房販賣。雖然摘花、曬花、撿花的過程耗時費力，但能換得一點點的零用錢，我們倒也樂此不疲，每個假日清晨，總是呼朋引伴奔馳田野，共享摘花樂。

金銀花苞的功效不勝枚舉，可以清熱解毒預防感冒，還具有減肥的功效，將它入菜燉成雞湯，經常食用可以增強抵抗力。最近金銀花更是備受矚目，有研究指出它能對抗新冠肺炎，對登革熱及腸病毒也有效，眞是養生的第一花茶。

清香雅秀的金銀花，悄悄的生長，靜靜地開花，新舊相參，黃白相映，鴛鴦似的花影，正敘說著金銀雙花的神祕傳說，更承載著許多年少的回憶。在阡陌荒野相遇之際，莫忘掬把盈盈清香，將它藏淺淺的心田啊！

雞香藤的回憶

初秋，散步於河堤，兩岸盡是開得燦爛的豔紅扶桑花，間或點綴著幾株粉紫浪漫的金露花，紫紅交錯的花海，熱情中泛著詩意，在秋風下兀自搖曳綻放美麗。而纏繞攀爬於扶桑枝幹上的綠藤，滿藤掛滿盛開的小花，細緻的筒狀花，花朵外側雪白，內側中央圈著柔和的紫紅，整朵花被細細的茸毛覆蓋著，小巧又獨特的花形，秀秀氣氣的花貌，像是小家碧玉的女孩，讓人忍不住駐足細賞。

這生命旺盛的綠藤育養著滿枝優雅的鐘形花，葉子有股獨特的氣味，是青草的氣味，摻雜著一點腥味兒，揉碎葉片會散發出一股不被喜愛的臭氣，因此，被喚為「雞屎藤」。對於這個名字讓我十分為它叫屈，好像把鮮花硬與牛糞扯在一塊兒的感覺，汙衊了此花的秀麗與靈氣。況且，她的枝葉若採收之後經過陽光曝曬，不再是濃烈的臭味，反而會散發出淡淡的清香，是應該正名為「雞香藤」，還其清白呢！但鄉野民間早已稱之為雞屎藤，也只能以此繼續傳襲相稱。

它生性強健適應力強，平野、山林、海岸、水邊都可以見到蹤跡，貧土沃野都是它的棲息地，隨遇而安，安則繁衍遍野，因此隨處皆可與之相遇。孩提時候，西藥尚未如此普及的時候，小孩子三天兩頭感冒咳嗽流鼻水，甚至久咳成氣管炎，長輩總會採摘雞屎藤的葉片，剁碎之後加顆蛋煎煮，聽說藥效很好，可以減緩熱咳之症。

我們顧不得雞屎藤的氣味是香還是腥，只管大塊大塊的吃著焦香的雞蛋，彷彿吃著沒有鮮蚵的蚵仔煎一般，仍是不可多得的美食。這可是唯有咳嗽生病時才能獨享的私房料理，即使得混著雞屎藤的葉子一起嚼下肚，但仍不減雞蛋迷人的風味。

還記得小時候，雞蛋可是珍貴的食物，一顆雞蛋常常要加上好多剁碎的蘿蔔乾、九層塔或是蔥花，下鍋煎成一大塊的薄片圓形蛋餅，一大家子共同分享著有蛋味的菜餚，因此嘴饞的孩子常會藉故假裝咳嗽，要求媽媽煎雞屎藤蛋來「治病」。

而班上的王阿明最會裝病，他假裝咳嗽的技巧更是堪稱一絕，總能瞞過老師唬住奶奶，因此常可以看見他坐在門檻上，眉開眼笑的吃著奶奶爲他準備的雞屎藤香煎雞蛋，有時還會喝著熱騰騰冒著白煙的雞屎藤雞湯，讓我們從旁經過時，得猛嚥口水好生羨慕，恨不得自己也能患了咳嗽病，享用那令人垂涎的雞湯呢！

有一次，他故技重施，還對著我們炫耀著說，等一會兒回家之後，他要奶奶趕快幫他燉煮雞湯，還大方地邀我們去他家寫功課，答應會有福同享，請我們一起喝雞湯。於是，一下課大夥兒趕忙背起書包，快步的跟著他回家，有的幫他揹起書包，有的順勢扶著他走回家。

甫一踏進家門，王阿明的阿嬤探頭一看，天啊！寶貝孫子怎麼一下子咳到病懨懨的樣子？她戴起斗笠，提起竹籃子，急忙往田邊摘取雞屎藤。我們也興沖沖的趕快去幫忙採摘葉子，心想：摘越多的葉片，等等應該可以吃到更多碗的雞湯或是雞屎藤煎雞蛋吧！同學們賊賊的微笑互看著彼此，心裡頭正盤算著同一件事。

我採摘了一小籃子的雞屎藤葉片，綠油油的葉子散發出濃烈的味道，不香但也不至於臭。我們將所有的雞屎藤都交給了王奶奶後，就趕緊一塊兒做功課，一邊寫著作業，一邊期待著奶奶燉煮的雞屎藤雞湯，我們就能順道分一杯羹。

不一會兒，王奶奶走出廚房了，但是雞湯呢？我們每個人的眼睛瞪得如牛眼似的，雞湯呢？香煎雞蛋呢？只見奶奶的右手提著一大壺熱騰騰的雞屎藤茶葉水，左手還拿著一疊碗，熱切的招手要我們停下功課快來喝，她說：「緊來，緊來，你們這麼多個人都在咳嗽，月考快到了，一定要趕快好才行，奶奶熬了特別濃的雞屎藤茶湯給你們喝，這樣才會好得快。趕緊來，一人一大碗，我來監督著你們喝，喝了才會好得快。」

這下可好了，偷雞不著蝕把米，咳得太逼眞的王阿明也一臉錯愕，大家你看我，我看你，一臉苦瓜相，只好捏著鼻子，皺緊眉頭。早死早超生，拚了命一股腦兒把一整碗茶湯灌下肚，然後吞了吞口水，趕緊又猛灌了一大碗白開水，接著不發一語趕緊趴在桌前寫字了。

等奶奶收拾好茶湯與碗公回到廚房時，阿明不知何時偷偷的從奶奶的房間摸來一大把花生糖，大家忙著將花生糖塞進嘴裡，才沖淡了口中的那股濃濃的苦味。

此後，王阿明動不動就犯的咳嗽病竟然不藥而癒，奶奶也引以爲傲的四處宣揚雞屎藤的功效。不久之後，龍角散及仁丹流行了起來，漸漸取代雞屎藤的地位，久而久之，這雞屎藤煎蛋或雞屎藤雞湯的偏方，也逐漸消失在坊間，但這難忘的滋味，仍留存在我們童年記憶的那方小角落。

戀戀山棕

山行者心中藏有一條屬於自己的祕徑，喜愛的路徑各有其趣，有人喜歡崎嶇不平具有挑戰性的山徑；有人喜歡踏上林蔭細道發思古之幽情；也有人喜歡視野開闊樹木扶疏的漫遊路徑，而我獨鍾情於山棕花開的小徑。

那天清早，一如往昔的踩著石階小徑，初晴的晨光灑落相思林道，相思花季已進入尾聲，滿地落花，小小黃黃的圓球絮花，妝點了古樸的石階，伴隨著嫩綠的青苔，增添款款詩意。悠悠地走著，鳥語鶯囀不絕於耳，沉浸在這份恬靜的天籟中。

信步於上行的山路，微喘之間感覺到被一股香氣圍繞著，悠悠遠遠纏纏綿綿，幽幽的香氣卻有著濃烈的蘊底，濃淡交織而成的氣息，獨自漫著迷人的沉香，禁不住在周遭林間尋探芳蹤，但卻讓人遍尋不著，疑惑著此香莫非天上來？駐足停留於香氣凝結處，久久不捨移動身軀，深怕一個轉身驚擾了香氛精靈，瞬間會收回馥韻。

漸漸的，香氣轉淡，癡情續行，希望再度與它相遇。方行幾步，驀然回首，林間的花影靜靜地注視著我，莫非，是它？正在向我絮語：「綠葉扶疏，橙黃秀朵，凝香是我，多情是我，知否知否？」

尋尋覓覓的它，眞的是眼前的山棕？輕移腳步慢慢靠近它的身旁，一串串如稻穗般橘黃的花兒已悄然綻放，鮮嫩細長的花蕊，滿是生命張力的從裡向外奔放，像極了月光盒裡的寶物，輕輕一碰即彈跳出來的銀色仙女棒，亦像是三翅的蝴蝶，正要展翅飛翔。獨特的花串與我第一次相見，讓人驚艷讚嘆，唯獨，香氣卻不復在，實在難以理解。

原以爲越是親近芳蹤，越能採擷盈盈的香氣，但，事與願違，方才的凝香卻杳無蹤跡，徒留滿腹惆悵與疑悶。但放眼望去，與香氣最近距離的開花植物，除山棕之外別無他選，應可斷言是山棕花的香氣縈繞無誤！

拾階續行轉入林間小徑，幽香沁肌入心脾，閉眼駐足於山徑，意念放空浸漬在這山棕花的氣味裡，想不透花香的飄送祕徑，且暫擱心間的疑問，盡情的享受這時而親近，時而消散的棕櫚花情吧！或許保持一點距離，方能更清新的品味香氣，處心的踏尋，反倒無感於存在。花香之於感情有其雷同之處，唾手可得且常存於身邊的照顧，卻慣性的被視爲理所當然，不受珍惜，直到某個時候，離遠了，心明沉靜後才會明白昔日平淡中的幸福。

這花香迷惑住我，也療癒了我的心。睜眼時，一位頭戴漁夫帽，穿著格子袖套，雨靴上沾滿泥濘的大哥經過身旁，他停下腳步來，問我是否走不動了？因爲他從大老遠就瞧見我歇息在這兒，已好一陣子了。我輕搖著頭對他笑著說：「是留戀這濃濃山棕花的香氣，捨不得離開，因爲下一處的花香總是無法預期何時有？」

熱心的大哥推推臉上的黑色方框眼鏡，不疾不徐地說著：「喜歡山棕花的香氣，清晨早點來爬山，能享受到更濃烈的初綻香氣，因爲它是夜晚花開，白天香氣就逐漸消散，山徑中留住的是文風不動的些許殘留餘香，現在你所聞到的，是雄花的氣味。雄花與雌花存在同一株，雄花的花顏與香氣卻豔冠群芳，等會兒，你可以一路慢慢欣賞它的花穗，你更了解它之後，聞到的花香會更親切、更舒心。」

他揮了揮手又繼續前行，我仔細反覆想著他所說的山棕花事，雌雄同株的山棕花，雄花搶盡了雌花的香氣與風采，眞是令人驚艷與難以臆測。今日，彷彿與山棕花初相識，明早，希望與更濃郁的花香相遇，我滿心期待著。

無論鍾情於何種山徑，總有各自款款的眷戀，深深淺淺的回憶，一步步踩出綿長悠遠的序曲，一曲曲譜成山林之戀。山行者，是以什麼樣的心情來親近它呢？珍愛著山棕花開的小徑，遲綻的山棕亦非是孤獨的，有我戀著它守著它，幽幽的香氣沉浸心扉，錯過，又是朝朝暮暮一整載的思念。

第四輯　眉宇之間

日子他輕輕悄悄的移動，
有些人總讓你情牽以絆，
秋風吹過，
讓你憶起了塵緣的絲線，
既是如此，
何不真真切切的走一回，
品味那些已走過的曾經。

掃出一片情

那個賣雜貨的阿伯，每個月至少都會巡迴村裡一趟，他那輛破破舊舊的老鐵馬，經過巧思改裝之後，成爲他最佳的生財夥伴。

車子的後方加裝一個超級寬大的貨架，架子又細分爲好幾層，每一格裝著琳瑯滿目的五金百貨，小至針線、螺絲釘，大至鐮刀、鐵槌，五花八門，應有盡有；貨架旁的鐵條上，掛著大大小小的麻布袋，裡頭有乾貨食材、衛浴用品、糖果餅乾、便宜的衣襪……數量不多卻是樣樣俱全，就像個會變魔術的百寶袋，只要你說得出名稱，沒有變不出的戲法；前方的車把手當然也是行動的小百貨，掛上雞毛撢子及搖搖晃晃的鉛桶，車身綁了好幾款不同材質的掃帚及畚斗，所有的物品一目了然任你挑選。

這輛鐵馬雖然老舊卻粗勇耐操，是一座會移動的雜貨店，讓我想起了一部日本卡通——霍爾的移動城堡，簡直有過之而無不及。他所販賣的物品裡頭，最吸引我的不是金柑糖或是梅子餅，反而對於他所賣的掃帚特別感興趣。

短柄的掃把中，有一款是以高粱桿綁成的短掃把，把整株高粱桿整理成束加以紮綁，再將高粱穗花打散成扇形，仔細的調整與修剪，就像在製做藝術品那樣講究，完成之後的掃帚是一束扇形的乾燥花，還掛著些許紅彤彤的高粱在上面，優雅明淨，有著空虛縹緲的獨特韻味，常讓我捨不得讓它下地沾惹塵土與垃圾。

紅高粱梗做的掃帚，使用久了，偶爾還會有一小顆一小顆的高粱掉落在地面，眼明嘴快的母雞一看到，會立刻加以啄食下肚呢！我常常盼望這些高粱籽落到地面之後，能有機會埋入沙土中，春天一到長成一株株新綠的高粱，那該多美呀！但這個小小的願望，從小至今始終尚未實現。

阿伯還販售用欖榔葉製做成的「欖榔掃帚」，這是用台灣海棗的葉子綑綁而成的。此樹吸收天地靈氣，樹形旺盛健壯，葉片迎風婆娑風姿綽約，但是要砍取其葉片可非容易之事，需要全副武裝並且瞻前顧後左看右瞧才下手，要不然可會被猙獰的刺所傷。曝曬後的葉片經過分枝整理，以月桃葉的莖絲加以綑綁，一連串繁複的工序才能製作出完美的欖榔葉掃帚。

這種掃帚又被稱做「天地掃」，在民間的習俗中扮演重要的角色，傳說綁上紅紙，還可以驅邪避凶掃除千災萬煞，所以神明遶境前或新居落成時都會使用。製作掃帚時必須是綁奇數結的才有避邪作用，選購天地帚更是有學問，平常拿來打掃以及用於喜事的，必須成雙成對的買，但是如果是用於喪事的，只能買單支，也就是「好事成雙，壞事止於單」。

一支天地帚蘊藏著古老的命理習俗，寧可信其有，方能遠離穢氣祈福得福。

溪邊及山林隨處可見的芒草，又被稱作吉祥草，在台灣傳統宗教民俗與原住民文化中，常被視爲驅邪之物，矮靈祭中祭拜過後的芒草更是他們的護身符。因此，以吉祥草做成的小掃把除了可拿來清掃，也常被吊掛於屋裡頭，扮演趨吉避凶、避邪祈福的角色。

每當芒草花穗成熟轉爲黃褐色時，就可以開始收集粗壯的芒草桿，帶回家曬到完全乾燥，再拍打花穗讓種子掉落，剝去一層層的莖片只留下最裡面的芒桿，挑選芒桿較粗、穗梗較豐厚的加以綁成掃帚，收尾的時候在掃帚尾端加上個繩圈，方便可以將掃把吊掛起來收納，因爲柔軟的芒草掃把如果直接碰觸地面，久了，掃帚可是會變形，不利於清掃。

這種就地取材，利用大自然給予的天然獻禮而製作成的手工掃把，好用又兼具環保概念，是生命經驗的寶貴傳承呢！

另一款受婆婆媽媽青睞的掃帚是由貴黍製成，這種草也被稱爲掃帚草，必須栽種約四個月才能收成，採收後要加以曝曬，它的種子會被做成飼料，枝條則取來作掃把。貴黍的枝梗比較堅硬，製作掃帚之前要先用水浸泡，使它柔軟才能夠施作。將它綁成清除灰塵髒汙的小撢子或是掃把非常耐用，以前曾經是外銷至日本的熱門商品，專門作爲清掃榻榻米的用途，純手工紮出來的貴黍掃帚堅固耐用，號稱「一支可以用一輩子」。

只是，當塑膠掃把出現江湖上，貴黍仍敵不過塑膠製品，因此農人也不再種植了。以前靠貴黍掃帚「掃出一片天」的農村榮景不復見，此技藝也漸漸失傳了。再怎麼好用仍是徒留遺憾，再怎麼好的光景也無法永保一世安康，人生與掃把的命理竟是如此雷同。

在眾多掃把裡頭，會讓小孩聞之色變的莫過於細竹掃帚了。學校的打掃用具絕對少不了竹掃帚，而製作竹掃把前，必須先將晒乾的竹葉除去，如果留下太多的竹葉，邊掃邊掉落，可就會愈掃愈髒亂。掃把也常被頑皮的男生拿來當大刀耍，邊打掃邊比劃，一個不留心就會把掃帚與竹柄分屍了，工友伯伯也常得幫忙維修竹掃帚，要將竹柄與掃帚頭再次牢牢綁好，才能恢復竹掃帚的功能。

這種掃帚猶如藏著魔咒一般，有時化身為清理環境的得力助手，但有時卻變成大人隨手可取的鞭具，只要抽取掃把裡的一小把細竹，「咻！咻！咻！」，往小腿肚連抽個幾下，可會留下好幾道的浮腫傷痕，一不小心還會被竹子上的細刺畫破皮膚，留下一小條一小條的血跡。家家戶戶必備的竹掃帚是小孩眼中的魔鬼，讓小孩們不得不對它敬畏三分。而至今仍被琅琅上口的「竹筍炒肉絲」緣由，就是拜竹掃帚的細竹絲所賜啊！

這些鐵馬上的掃帚，每種款式及價格都不盡相同，各有它的擁護者，而且顧客們幾乎都是成雙成對的買下，目的都是希望能趨吉避煞，掃出潔淨，掃出一片祥和的日子。小小的掃帚傳遞著自然與人的脈動，取材於大自然的山林，損壞了就回歸於自然化爲塵土，每一把掃帚是工藝的傳承，蘊含著施作者的智慧與溫度，這豈是今日塑膠掃把可相提並論？

我懷念起賣雜貨的阿伯，對於他綁在鐵馬上各式各樣的手作掃帚仍舊歷歷在目，即使竹掃帚讓人又愛又怕，但有它們的存在，豐富了童年的生活記趣。

掃帚的記憶，掃帚的工藝，何時能再被喚醒呢？天然ㄟ尚好，多麼期待自然風旅吹起，讓昔日的掃帚風華再現，祈願它們能掃去千災招來萬福，在這疫情風波裡家家安然美好。

ㄅㄚˇㄅㄨ與我

我的第一隻貓，是由橘、黑、白花色交錯的野貓之子，名字叫ㄅㄚˇㄅㄨ，腦子聰明且耳朵非常靈敏，一呼喊牠的名字，不管身在何處，總會以最快的速度衝出來，走到我的身旁，在腳邊轉圈圈，蹭蹭腳，舔舔手，將牠抱在懷裡，會開心的呼嚕呼嚕大聲呼吸著。

爲什麼牠的名字會如此奇特呢？小時候，夏天的午後天氣悶熱得很，村莊裡頭會有一個老阿伯騎著腳踏車，載著冰淇淋桶到處叫賣，會邊騎車邊壓著喇叭，發出ㄅㄚˇㄅㄨㄅㄚˇㄅㄨ的響亮聲音，提醒大家趕快前來買冰，小孩子一聽到這令人興奮的喇叭聲，三步併作二步，趕緊飛奔上前去排隊搶購。手裡握著一隻冰冰涼涼的冰淇淋，在炎炎夏日亦能感覺全世界的星星都在對著你閃爍一般，那種幸福的感覺讓你捨不得放肆地大口享食，用舌頭像小貓一樣慢慢地舔著舔著，深怕手中的冰淇淋一下子就像變魔術一樣消失了。

相信只要是小孩子，大概都抵擋不住冰淇淋甜蜜清涼的誘惑，可是要存到足夠的零用錢去買一支冰淇淋品嚐，也不是一件簡單的事呢！時常無法如願以償，只能眼巴巴的看著其他小朋友在你面前舔著甜甜的冰淇淋，眼睛吃著冰淇淋猛吞著口水，那種羨慕又嫉妒的心情實在難熬。因此突發奇想，就把自己的小貓取名爲ㄅㄚˇㄅㄨ，叫著牠，想像著心愛的冰淇淋，不時呼喚著ㄅㄚˇㄅㄨ，卻也能得到另一種想像的滿足。

牠從我還未上小學時就陪在我身邊。記得當時不知從哪兒跑來了一隻野貓，牠的肚子挺大的，走起路來有些緩慢，一連好幾天都待在家裡的屋簷下不走，我觀察牠好久，怕牠餓著了，就把家裡剩下的魚汁拌些米飯餵牠吃，牠的胃口不錯每次都吃得乾乾淨淨，幾日後漸漸放下戒心開始親近我們，會進到我家的米倉旁邊睡覺，我們也樂得高興，因爲有隻貓兒可以陪著，比較不孤單。一日清晨，我們被微弱的喵咪聲音喚醒，循著貓叫聲前去，竟然在舊紙箱裡發現了五隻剛出生的小貓咪，原來這隻母貓是來尋找地方生產的呀！

剛出生的小貓咪樣子非常萌，閉著眼睛努力的吸吮著母奶，貓媽媽則是虛弱的躺著餵食這五隻寶寶，我和姊姊們在遠處癡癡的望著，怕嚇著了他們。我們趕緊找了個更大的紙箱，鋪上舊衣服，放在他們的附近，希望母貓和小貓可以有個更舒適的家。爸爸交代我們不要靠太近，也不可以去碰觸小貓咪，萬一驚嚇到牠們，母貓可能會不敢回來，小貓就沒奶可喝了，所以，我們只敢從窗子外偷看這一家子的動靜，不敢靠近褻玩焉。過了一星期左右，小貓咪的眼睛從原本瞇成一線，已經慢慢張開眼了，他們的眼睛迷迷濛濛的，眞是惹人喜愛，牠們會好奇地走出紙箱探索環境，母貓則是看管嚴謹，把亂跑出來玩的貓兒一一叼回窩中。

姊姊們早就各自選擇中意的小貓咪，我年紀最小只能接受他們選剩下的那隻小貓，我的那隻貓咪尾巴有點畸形，不到十公分的尾巴，短短的且彎彎曲曲的，不像其他的小貓，尾巴的毛蓬鬆柔軟又直溜溜的，可以自在地搖來擺去，還可以驕傲的翹個半天高，尾端也會彎鉤變成問號的可愛形狀，所以牠就被姐姐們棄選了。雖然分配到這隻被選剩下的貓兒，但我並不因此有所懊惱，覺得牠的尾巴像道小閃電，眞是有趣呢！

小貓們日漸長大，漸漸開始遊走於四周環境時，我們也目不轉睛盯著自己所屬的小貓，還會互相炫耀自己的貓有多麼頑皮可愛。姐姐們選的小貓是橘子色和白色交錯的，腳穿橘色的襪子，有粉紅色的肉墊，我的貓是黑、白、橘三種顏色，比其他的貓咪多了黑色，毛色分布像幅抽象畫，尾巴是小閃電的形狀，眼睛像亮片一樣炯炯有神，四隻腳上穿著白襪子，像是童話故事裡穿靴子的貓。

可是，在鄉下人家卻認爲白腳蹄的貓是不吉利的，所以常常一出生就被棄養，但是我堅持也要擁有一隻自己的貓咪，才不管牠穿著什麼顏色的靴子。這是一隻黏人且愛撒嬌的小貓咪，把牠抱在懷中，會輕輕舔舔我的手心、手臂，接著理一理自己身上的花毛，用白色的小手一遍又一遍的擦拭著臉頰，舔累了就蜷起身子臥在我的懷中，以可愛的雙手摀著自己的小臉睡覺了。

ㄅㄚˇㄅㄨ很聰明，天氣熱的時候，會躲在稻田裡睡覺，有冰冰涼涼的泥土當床，茂密的稻葉替牠遮蔭，有時還可以順手擒來一些螳螂、青蛙、蜜蜂、瓢蟲等野味，口渴了，田旁邊的小圳有潺潺流水供牠飲用，這可是牠專屬的貓地盤，沒有其他的貓兒敢和牠爭奪；天氣轉涼之後，會蹲在火爐前打盹，寒流來襲，也毫不客氣的鑽入被窩取暖。牠可是冬天裡的小暖爐，夏天心中的冰淇淋。夜晚，我端坐書桌前讀書，牠會以人面獅身的英姿占據書桌一隅，與其說是陪伴我讀書，更像監督我是否努力研讀？窗外有任何風吹草動，牠都會豎起耳朵嚴陣以待，是我的守護者，盡忠職守又貼心，直到我收拾完書桌，上床去睡覺牠才會外出到屋外去狩獵。

有一次，發現牠精神狀況不佳，食慾低落，還躲在屋角作嘔，知道牠生病了，這使我十分擔心，但又不知該如何是好？早在當年，連人生病都常常無法排隊順利掛上號，更何況是寵物呢？幸好，當牠嘔吐之後，發現狀況好轉，沒多久就再度恢復食慾與活力，讓我放下心中的大石頭。但仍不免好奇，牠是如何好轉的呢？

後來，當牠稍有些異狀時，我就會偷偷的跟蹤及觀察，發現牠會到外面去覓食不同的青草，也確實在牠的嘔吐物裡面發現許多不同種類的草，哇！原來牠是一隻懂得醫術的貓咪，會爲自己尋找治病的青草。這種與生俱來的生存本領眞讓我佩服，不像現在的寵物貓，還需主人種植貓草餵牠，生病就得找獸醫生治療，百般呵護與照顧，才能養得健康與強壯。

ㄅㄚˇㄅㄨ眞讓我感到驕傲，牠是隻長壽的貓，活了將近十五歲，死因並非病死或老死，而是捕食了已吃到老鼠藥的鼠輩，因而間接致命，牠突如其來的離開，讓我久久不能釋懷。

牠的死訊，媽媽並未讓住宿學校的我知道，當我拿著畢業證書回家，興沖沖四處呼喊著牠的名字，想抱著牠一起合影卻遍尋不著貓影時，才被告知牠已在上週去當貓天使了。依照當時鄉下古老留下的習俗，死貓是要把屍首掛樹頭上，死狗則要放水流。我心疼牠沒有葬身之地，但也慶幸沒有掛在樹上被蟲蟻鳥蛇分食，而是讓牠跟著河水流入大海，就當成牠是出海航行的貓，至少那兒有享用不盡的魚和蝦。

未能見到守護者的最後一面，未能親手替牠築個小墳，讓我至今仍感到莫大的遺憾。

現在，在街上偶爾還是會聽到熟悉的喇叭聲，ㄅㄚˇㄅㄨ—ㄅㄚˇㄅㄨ，一聲聲喚起了我的回憶……我的童伴，我的守護者，這隻黑白橘的小花貓，穿著白色靴子，短短的閃電尾巴，是獨特且唯一的，與牠合影的照片雖然褪色了，但在我心中，牠的身影仍是鮮明，我永遠愛著牠。

乞丐阿明

鄉下的村莊裡總會存在幾個令人難忘的傳奇人物，乞丐阿明就是讓人沒齒難忘的頭號人物。每天一大清早，公雞鼓翅初啼，天色才微微光的時節，他即步出家門，沿著馬路挨家挨戶的行乞。

身著一襲破舊的衣衫，腳上那雙夾腳的藍白拖，鞋底早已磨到平滑光亮，一頭鬈髮油膩膩的，鬍渣剛烈頑強恣意的盤據在黝黑帶斑的臉龐，凹陷的雙瞳炯炯有神，緊緊盯著冒出炊煙的人家，乾癟的雙手持著凹凹凸凸的鋁盆子，精神抖擻地挨家挨戶乞討食物。

心腸軟的婦人家，會將前晚的剩菜剩飯端出門來送給他，即使有些食物已經飄出酸味了，阿明仍然將它視爲珍寶，井然有序地將它們擺放在鋁盆裡，接著咧開嘴，露出了幾顆斗大的黃牙，十分有禮貌的向向善心人士頻頻點頭道謝，再繼續向下一家前進。有時也會遇到潑婦罵街的窘境，非但沒有任何收穫，還會被人以掃帚急急驅趕至別處，這時的他身手可是快而矯健，跳著，閃著，三步跳走兩步跑，速速遠離不長眼的掃帚攻擊。

他似乎很喜歡小孩子，在乞討休息時，時常會站在學校大門口的鳳凰樹下，注視著一群群背書包上學的孩子，他那沾著白米飯粒的臉上，堆滿了一朵又一朵黝亮的笑，大黃牙也在陽光下驕傲的閃著光芒，熱情的向排隊準備過馬路的孩子揮手示好。那瘦巴巴的雙手，老人斑清楚可見，空氣中的酸味，不知是從他的身上飄出，還是源自於他鋁盆裡的食物？

站在門口的導護老師對他的舉動習以為常，無視於他的存在，繼續吹哨指揮交通，將學生護送過馬路。排隊魚貫進入校園的我們，收斂了和同伴的打罵嬉鬧，抬頭挺胸擺手，精神奕奕的跟著隊伍走著，但有時會被乞丐阿明突如其來的捉弄驚嚇到，當他玩性大發，就會作勢向前追逐大夥，這時路隊就立刻潰散，尖叫聲四起，大家自顧自地向教室奔逃。老師們早已見怪不怪，彷彿這就是揭開一天學校生活的序幕，而乞丐阿明可是點燃朝氣的那把火。

夏日，乞丐阿明也會在鳳凰樹下睡午覺，他的鼾聲有著高低落差與間歇停頓的旋律，大老遠就聽得見他的鼾聲。午休時候，頑皮的男同學會趁機回報被阿明捉弄的一箭之仇，悄悄拿起兩耳草去搔癢他的鼻孔，趁他在半夢半醒間搓揉著粗糙乾裂的芭樂鼻時，再以迅雷不及掩耳的速度飛奔進入校園，躲在圍牆的角落訕笑他的種種反應，這樣的戲法，一個午休會輪番上演好幾回呢！

如果遇上村莊裡有老人家過世，他會接連幾天逗留喪宅旁，翻揀祭拜過後棄置的供品，也會撿取亡者生前所遺留的堪用衣物，這是他獲得衣食的好時機，這段時間他忙進忙出，就不會慵懶地在樹下打盹。然而，這群頑皮的男同學卻也頓失捉弄的重心，午休時只好成群結伴蹲在圍牆邊玩尪仔標了。

有一天，好不容易挨到傍晚放學，幾個膽大如虎的男生鬼鬼祟祟的交頭接耳，不知又將進行何種勾當？好奇的我們索性也三五成群的跟隨其後，想要一探男生們的葫蘆到底藏著什麼鬼主意。他們朝著村尾走去，路的盡頭正是乞丐阿明的茅草屋，順著小徑蜿蜒前進，芒草越來越茂密，兩旁的景色越來越荒涼，我們越走越急，心臟急速跳動著，因爲茅草屋的後方正是一大片墓仔埔，雖然天色未晚，但一想到許多的鬼魂正在不遠處歇息，想到都令人頭皮發麻。這群男生究竟爲何要前來乞丐阿明的家呢？著實讓人摸不著頭緒。

越靠近茅草屋，男生們也略顯緊張無緒，示意要我們趕快離開此地，一來天色漸晚，害怕傳說中的鬼火一旦出現，可會被嚇破膽；二來，此地是大人們禁止小孩子前來的煞氣重地，聽說來到此地，一不小心中煞可會病上好些時日。因而，我們也無膽續留此地，不得不暫時拋下心中的好奇心，默默的準備撤退回家，滿腹的狐疑也只好等待明日早上再揭曉了。回程時，男生們還千交代萬叮嚀，絕對不准向大人們洩漏任何風聲，萬萬不可招出他們身在何處，否則事跡敗露前功盡棄，無法完成神聖任務的！

究竟他們是要搞什麼把戲？男生們倒是默契十足的守口如瓶，我們邊走邊瞎猜著，誰也沒打探到任何小道消息。就在快走到學校時，看見乞丐阿明扛著一布袋的麵粉，從布袋隙縫溜出來的麵粉，把他黝黑的臉染白了，鬍鬚白白的，頭髮白白的，衣服也染上了白色糖霜一般，整個人好像從雪地裡回來似的，一身都沾染上細細的雪花。

他又徒步到鎮上的教會，肩上扛著的應該是教友所轉贈的麵粉，這幾天，他終於可以享用新鮮的麵疙瘩了！雖然我們還是對他敬而遠之，但也不免悲憫他的三餐幾乎清一色是快發餿的食物，雖然自己家中亦無豐富的魚肉大餐，但至少新鮮且溫飽無虞。

突然，腦中閃過一絲絲危訊，阿明等會兒就會回到家了，而那群探險中的男生到底完成非常任務了沒？如果被撞見了，該怎麼辦？雖然他的茅草屋沒門沒鎖的，但私自闖進他的棲息所總是擅入，任何人都會發怒的。但是，泥菩薩過江自身難保，我們無能爲力去想方設法通風報信，只能默默爲他們祈禱囉！

這天晚上，吃過晚餐後的左鄰右舍們抓起椅凳，手搖著蒲葉扇子，紛紛走到大樟樹下乘涼聊天，那群前往村尾阿明家的探險隊員也在蓮霧樹下集合了，我們遠遠見狀也趕緊探頭探腦的湊了過去，只爲一解心中的疑惑。

眾所皆知，阿明是以乞討維生，但最近不少人見過他在屋外升火煮水，屋旁還留有一小堆一小堆類似禽鳥的羽毛，也看到地面上殘留不少被啃食過的骨頭，加上近日來村莊裡的雞鴨時常遭竊失蹤，這在在證明阿明的確有可疑之處，否則他哪來的家禽可宰殺烹煮呢？

於是有人臆測，他是否有通鬼神的能力，與靈異的世界合作，指使他們捕取禽鳥供他食用？也有大人猜想，是否有養小鬼供他差遣？但也有人認爲他是趁三更半夜大家睡著時，出來偷別人圈養的雞禽……只是，眾說紛紜卻無法抓到他偷竊的證據。因此，這群膽大的偵探隊就決定親自潛入阿明的家中，準備去找尋蛛絲馬跡的線索。

我們興致勃勃的想知道案情的眞相，看著探險偵查隊長一臉沮喪的神情，就知案情並不簡單。根據他們地毯式的搜索，阿明家中可說是家徒四壁，只有一些快餿掉的飯菜，根本沒有任何祭壇與香案，更別說養小鬼的小棺材，所以，邪門歪道的事情並不存在。

案情膠著，於是，樹下乘涼的左鄰右舍討論之後，決定分工合作輪流值夜，準備活逮偷兒，給他個顏色瞧瞧。第一個晚上，由最粗勇的泥水師與剃頭伯合力巡守，他倆已準備好花生和米酒頭，準備擔綱任務。這一晚大家興奮莫名，好像布局了一場完美的作戰計畫，等著一舉拿下戰俘。

清晨，公雞拱起身子拉長喉嚨，此起彼落高聲啼鳴，煙囪也開始陸陸續續冒出早炊的輕煙，乞丐阿明一如往昔挨家挨戶巡禮，但是，婦人們給予食物時，臉上卻多了一絲絲狐疑的神情，眼睛的餘光不時悄悄瞄著阿明，彷彿未審先判，心中早已認定他就是偷雞賊。當阿明的身影漸漸遠離，三姑六婆又聚在一塊兒交頭接耳，談論著八卦。

騎著腳踏車準備到校值勤的外省老師，立起鐵馬進到雜貨店準備買報紙，好奇的問大家爲什麼如此熱鬧，是在討論些什麼？聽完阿樹嬸加油添醋的描述之後，趙老師靦腆的笑著說：「心中認定他是賊，他就越看越像賊。況且，阿明已在這裡住了十多年，要當賊早就當了，幹嘛等到現在？如果你們要巡守，也是好主意，但是，倒不如直接監控阿明晚上的動靜，不是更單刀直入有效率？或者直接問他，最近是哪個好心人士常給他禽鳥的肉呢？依他的說明再去抽絲剝繭，不是更能加速找出線索嗎？」

眾人聽了趙老師的話，如夢初醒，嘴巴微微張著卻說不出話來。這時，首批巡守的泥水師和剃頭伯，正打著大哈欠走出家門，一臉無神酒意未退的樣子。

就在阿樹嬸質問他們昨夜有無發現任何風吹草動的同時，阿水伯急急忙忙跑來，上氣不接下氣的說：「我家的雞又不見了一隻，剃頭伯和泥水師，你們有抓到小偷嗎？」現場立即掀起一陣騷動，接著七嘴八舌開始議論起來。

泥水師阿坤說：「昨晚我們坐在樹下，喝著喝著就茫茫了，沒看到半個鬼影子出現，倒是有聽到如雷的鼾聲啦！不過有一隻野貓，快天光的時候，就在稻田裡穿梭捕捉獵物，一會兒又從稻田轉戰到菜園子，敏捷的竄來竄去追抓老鼠，時而身手靈活的跳上樹枝休息，再無聲無息地跳到池邊喝水，牠的倆隻眼睛露出鋒利的青光，直盯著我倆，監督我們的一舉一動，野性十足不甚友善。等我們醒來，天漸漸光了，回家補個眠，別說發現什麼賊兒，就連蟑螂、蒼蠅也沒抓到啦！」

趙老師拉長耳朵聚精會神聽著他們的對話，然後側了側頭說：「我去阿水伯的雞寮查看一下！」阿水伯引領著趙老師前去雞舍，剃頭伯和泥水師也緊跟在後。

快接近雞舍時，趙老師突然停下了腳步，蹲身拾取地上的樹枝，撥弄著草地裡的一坨屎，然後繼續往前走，還不時彎下腰來盯著留在泥地上那些不甚清晰的腳印，最後來到了雞舍前，發現了幾滴尚未乾涸的雞血。此時，趙老師臉上已露出了一抹「原來如此」的笑容，接著得意地走回雜貨店，操著外省腔調說著不流利的台語，向大家宣布案情的進展及初步判斷。

「啊，石虎啊，甘眞耶？雞是乎石虎丫咬去？」

「甘有影？」

「石虎，有可能，幾年前有一隻石虎下山，在墓仔埔的樹林內生虎丫仔！」

「不過，乞丐明阿那せ有死雞肉通吃？」

就在大家議論紛紛時，乞丐阿明已結束早晨的行乞，正準備打道回府，婦女們用力的向他招著手，示意要他過來，他摸不著頭緒，只好小心翼翼的一手捧著碗，一手護著裝滿食物的碗，踉踉蹌蹌地跑了過來。

在七嘴八舌的質疑下，阿明卻搞不清楚是怎麼一回事？最後，剃頭伯代表發問：「阿明啊，你最近定定有雞肉通呷，是否？」

阿明吞了吞口水，大著舌頭說：「就在塚仔遐，定定有彼个乎咬斷頷仔頸的雞丫，我就想說無無無彩啦，撿回來煮水脫毛剖剖せ加加加減食啦，就按呢啦！」

泥水師接著發問：「丫，你曾經看過石虎嗎？有兩粒目睭金閃閃的，咻來咻去的，有看過嗎？」

「啊知？塚仔遐暗時仔四界攏是鬼ㄚ火，若無就是山貓ㄚ、山鼠、山猴的目賙光閃閃，我嘛不知佗一隻是是彼種石虎ㄚ！」阿明又嚥了嚥口水，接著喘了口大氣，好不容易交代完整個事件的來龍去脈。

趙老師看了看手表，突然一驚，趕緊躍上鐵馬，老鐵馬一路被踩得喀啦喀啦作響，急急地朝學校奔去。日頭越來越赤炎了，在雜貨店裡東家長西家短的人潮漸漸散去，下田的農人揮汗如雨，婦女們在稻穀場上曬著筍乾及長豆，學校裡傳來響亮悅耳的歌聲，這天，又是個如常的仲夏。

至於，石虎今晚會不會再度出現呢？又該如何因應呢？村長已經開始傷腦筋了。

老兵與妻

那是個平埔族與漢人共同居住之處，一個靠近海邊的偏遠聚落，至今仍無自來水抵達的地方。偏鄉的交通不便，村民們的食衣住行十分簡樸，不構成生活上的困擾，但醫療匱乏的問題是個大隱憂，村裡沒有任何一家小診所，連個小小的西藥房也沒有，如果一旦生病或是受傷，幾乎全得仰賴著掛在牆上的那個醫藥百寶急救袋。

這個包羅萬象的藥袋是個八開的厚紙袋，對角穿孔用粗棉線斜掛在家裡的牆壁上，裡面的藥品不外乎是燒燙傷、外傷藥膏、胃散、感冒藥、止痛丹、止瀉藥、愛兒菜及貼布，有時候一個家庭裡會同時被掛上兩、三個不同廠牌的藥袋，而藥廠會訓練許多服務員爲他們推展業務，這些藥包配置員參加藥廠的職業講習，並經過筆試及口試，訓練合格以後，正式成爲家家戶戶藥包配置與更新的服務人員，我們俗稱他們爲——寄藥包仔。

寄藥包的服務員常會騎著「勝利牌」的自行車，車後安裝著籐編的箱子，裡面擺放家庭常用成藥，琳瑯滿目，應有盡有，外面還會罩上預防淋雨的墨綠色的厚帆布，上頭寫著「寄藥包」三個斗大的紅色字體，讓人遠遠就能辨識出藥車來了。騎著載滿藥物的腳踏車，在鄉下的碎石子路或黃泥路穿梭，可得抓穩重心，否則一個傾斜藥品散落一地，玻璃瓶裝的藥水若是破裂，那損失就非同小可了。

寄藥包的人，幾乎每個月會定期巡訪服務一次，將快過期的藥更換回收，也會將已使用完的藥品再予以補充，並依所使用的藥品數量來計算總價，至於收費的方式則十分人性化。方便就當場結清，手頭稍有拮据，可以等稻穀收成時再繳費，至於清寒貧戶有時也能寬限到一年總結一次，這種宅急便的服務與收費方式，讓人充分感受到滿滿的人情味，也因此放藥包仔也常和村民有著深厚的情誼。

村裡的人每次看到放藥包的少年仔，風塵僕僕地踩著腳踏車前來更換藥品，總會熱情的與他話家常，近午時分也會誠摯地邀他共享農村家常便飯，粗茶淡飯中有著無關營利的眞心情感。常到村子裡放藥包，與大家有著濃密感情的年輕人，是一個叫阿義的少年仔，老家住在南部的山裡頭，古銅色的皮膚，陽光的笑臉，熱情的問候，詳細的解說藥品用法，讓他贏得大家的信任與支持，業績遠遠勝於其他家的藥商。

在村尾住著的那一戶人家，人口相當簡單，只有一位退休老兵與一個精神狀況不甚穩定的少妻，老兵年紀約七十來歲，人高馬大，操著濃濃的鄉音，打從何來？這可是鮮少人知。

至於他的小妻子，年紀再怎看也不過二十出頭，濃眉大眼，身材豐潤，及腰的頭髮上，老兵總會幫他別上一隻紅色的水鑽髮夾，將她的妻裝扮得甜美可人。老兵退休後就一直待在外省朋友經營的牛肉麵攤幫忙，在同鄉的湊合下娶了個年輕的少女，兩人的年紀懸殊甚大，與其說他的妻，在外人眼中倒像是父與女，他疼愛妻子如女兒般，呵護得無微不至。

年輕的妻子精神狀況自小就出現異樣，時而正常，時而恍惚，但多半時間是呆笑恬淡的神情，狀況嚴重時甚至無法打理自己的生活起居，因此外省丈夫帶她外出時，總是將手牽得緊緊的，不時爲她整理著亂髮，風大時，趕忙爲她扣緊外套，深怕她寒了，妻子對著他呆笑時，他也開心地摸摸她的臉頰。

大家都誇讚外省老兵疼老婆，對待憨妻也如此盡心與疼惜，揪感心！也許，這老兵娶她爲妻，只是想讓家裡有個人守著燈等他回家，讓家裡有些溫度與人氣，不想在黑夜裡獨自一人與屋對話罷了，但他倒是眞心眞意的照顧著他的妻。

村裡的人對於寄藥包的阿義，信任有加，老兵當然也不例外，每當月初阿義即將來結帳時，他會事先將錢存放在藥包袋內，讓他方便收款。阿義相當清楚老兵賺錢養家與照顧憨妻的辛苦，每每到老兵家換藥包時，總會待上好一陣子，畢竟要交代清楚如何使用藥品不是那麼容易。面對一個神智時而清楚時而異常的女子，他總是耐著性子，將藥品的用法以畫畫的方式去爲她講說，再把圖片用漿糊黏貼上去，仔仔細細的將每種藥品都加上手繪漫畫的圖示，深怕老兵一個眼花不小心弄錯，也希望少女偶爾也能記起他告訴過她的用藥方式。

當少女精神狀況良好，看到阿義前來換藥包時，她會嘰嘰喳喳對著他說個不停，還會拉著阿義的手去庭院看她種的花花草草，有時阿義也會順手摘下一朵花給她，逗得她開懷大笑，阿義看了也跟著笑，盈盈的笑聲不絕於耳，笑聲重疊時，竟像是甜蜜的合音。

而阿義時常也會爲鄉親們打個折扣或是免費贈送些小藥品，將他視爲健康的守護神，許多疑難雜症都會拉著他問個不停。也許在藥界裡待久了，阿義倒也能像醫生的助手一般，朗朗上口的說些醫學藥性爲大家解惑。阿義進村子服務的那幾天，大家常會爭相提供住宿與邀約到家裡用餐，待他如遠方前來做客的好友，這種情份阿義也都銘感在心。

鄉下的日常生活十分平靜無波瀾，每當有收割播種或是婚喪喜慶的時候，全村才會有活力開始忙碌起來，互相幫忙插秧，也互相幫忙收割，婦人們頭戴笠帽，手穿袖套，握著長柄翻曬穀子的用具，聚合在大稻埕上曬著收成的穀子，一起聊聊是非與八卦。

遇到村子裡有結婚喜慶時，沒外出工作的婦女聯盟，會集結起來幫忙打粄、做麻糬、搓湯圓、煮湯圓，全都由這些婆婆媽媽一手包辦，而露天的喜宴熱鬧非凡，外燴廚師前一個晚上就搭棚進駐，忙上忙下是希望流水宴席爲大家帶來喜樂的氣息，讓賓主盡歡；如果遇上有娃兒滿月，從泡米、燜油飯、炒雞酒、煮紅蛋……，大家總是主動分工合作，將一場滿月麻油香發揮到淋漓盡致，一進村子口，大老遠就能聞到麻油雞酒的香氣。

不僅是喜事人人愛沾沾瑞氣，若遇到喪家的人手吃緊，不單單是婦女聯盟會出門幫忙，連男人們也會輪流前往喪宅幫忙雜事，一直到圓滿治喪完畢爲止，這都是鄉野田間的默契與人情味。

阿義雖是外地來的醫藥外務員，但這村子裏頭的婚喪喜慶場合，總有他的身影在其中，他早已被認定爲村子裡的一份子了，因此鄉人對於快三十歲卻仍未娶妻的他，總是會多加關懷幾句：「義ㄚ，不通擱揀啦！趕緊娶個老婆，寒天ㄇㄚ卡未寒！」對於大家的關心，他總是摸著頭傻傻地笑著。

日子一如往昔輕輕悄悄的流逝，村子裡的生活按著四季的節奏井然有序的運轉著，沒啥新鮮事卻也平安喜樂。這一天傍晚，村裡頭的媒婆大嬸神色詭譎的晃著豐滿的胸部疾行，在大稻埕的榕樹下停了腳步，仍微喘著的她東瞄瞄西瞧瞧的，然後招著手示意大家靠攏一些，以戲劇式的語調，低聲卻狂放的對著正在乘涼的婆婆媽媽們，訴說著一件她所發現的天大祕密，這個祕密果眞有梗，個個聽得瞠目結舌，面面相覷，好些人還呆愣了半晌說不話來。

當大家回過神後，接著又是你一言我一語嘰嘰喳喳地討論起來，好像在開偵查大會，任何不可思議的劇情及結論都浮上檯面，只是，眞相，到底是什麼？誰也沒有把握，所有的推測都有可能，一切的揣測也可能是純屬虛構。

究竟，老兵的少妻，懷了誰的孩子？雖然也有可能是老兵的親骨肉，但以老兵的年紀推算，這機率不高。但，究竟誰讓她懷孕了？這天起，每個人一遇上老兵及他的妻，眼睛裡都直盯著少妻的肚子，呼吸的起伏也跟著心中的狐疑起來而亂了套，隱藏在每個人心中的小鬼都現身。反觀老兵神色自若，怕大著肚子的她不留神跌了跤，將妻的手牽得比往昔更緊了，還親自上街爲自己的少妻添購新的大肚裝，外人的臆測他全然置之不理。

老兵的妻子，肚子一天天大了起來，他對少妻更是體貼照顧，該買的補品毫不吝嗇，小孩出生該用的物品早就備齊了，坐月子要用的雞也早託鄰居養足了，所有的跡象在在顯示，少妻懷的應該是老兵的孩子無誤。村人從之前的狐疑心態轉而由衷爲之欣喜，眞心替即將老來得子的他感到高興。

老兵之妻仍是時而正常時而呆滯，面對自己快當媽媽了，好像毫無感覺到一絲絲的情緒變化，能吃能喝沒半點不舒適，整個身子因而腫了個大半圈，老兵伺候孕妻也樂在其中。每天傍晚總會挽著妻出來散散步，還會到村頭買買少妻愛吃的臭豆腐，然後攙著妻漫步走回村尾的家，再點亮屋簷下那盞昏黃的燈，一口一口小心翼翼的餵著即將臨盆的妻，期待著少妻順產的日子快點到來。

阿好奶奶是村裡唯一的產婆，原本在城裡工作，年紀已大就告老還鄉，自然擔任起村裡接生的重責大任。這村子不大，一年有幾件接生的任務自然早就預料得到，眼前當下的產婦就是老兵的妻子，愈接近生產的日子，阿好奶奶自然更是仔細地盯著。

颱風來襲的前夕，家家戶戶仔細地巡視著門窗，趕緊將雞舍、鴨籠做好安全防護，至於菜園及果園的蔬果，能及早採收的也草草採摘回家存放，至於稻田的活兒就無法預作防範，只能聽天由命了。

就在大家忙得不可開交的颱風夜裡，產婆奶奶提著老舊的工作皮箱，穿著蓑衣，踩著雨靴，握著忽明忽滅的手電筒，緊緊跟隨老兵的步伐，三步併作兩步走，火速的往村尾家中奔去。左鄰右舍都好奇的探出窗外，順著燈火的移動，心中已知少婦即將臨盆了。

顧不得風雨交加的夜，熱心的婦人暫時拋下手中的工作，趕忙來到老兵家中，有的升火燒水，有的在爐灶上開始煮黑糖薑水，有的忙著當產婆奶奶的助手，大家七手八腳裡裡外外穿梭地忙著，要與老兵一起迎接這個新生兒。

風強雨驟，樹影搖晃得厲害，樹葉在屋前捲起又散落，呼嘯的風聲未曾歇息，雨斗大的下著，滴滴答答打在屋瓦上，屋瓦間隙也滴下雨水，老兵忙著將洗澡盆兒拿來承接伺機滲漏進來的雨水。就在一片混亂之際，哇－哇－哇－，洪亮的哭聲響起，阿好奶奶早已渾身濕透，額頭的汗如雨珠直直落，高喊著：「生了生了，是個胖女娃兒！恭喜你當爸了！」

老兵緊握著阿好奶奶的手，老淚縱橫的跪謝產婆奶奶，一時之間，阿好奶奶不知如何是好，一旁的里長婆趕緊扶他起，大夥也感動的一把眼淚一把鼻涕。

折騰了一夜，產婆如釋重負的斜躺在屋簷下的那張破舊藤椅上。屋裡的婆婆媽媽忙得不亦樂乎，有的手腳熟練的幫新生娃兒清拭小而微透的身子，有的幫忙產婦更衣擦臉，忙進忙出的景象為這沉靜多時的村子帶來了活力。

盼了將近一甲子，老兵的懷裡終於有了個後代，這個女娃和自己相差了七十多歲，將她抱在手中有種既是父女卻又像祖孫的感覺，老兵感動得喜極而泣，搖著手中的嬰孩，滿足的笑了。操著濃烈的鄉音激動地喊著：「俺太高興了，今日總算有個胖女娃了，擇日擺個幾張桌席來感謝大家的照顧，大夥可一定要賞臉來熱鬧熱鬧啊！」

對於帶著濃濃鄉音的外省國語雖然聽得似懂非懂，但從老兵老淚縱橫的臉龐，讀得出他深深感受到大家的厚愛，是眞心要好好答謝大家的熱心相助。

少妻生完娃兒之後，精神狀況日漸穩定，要忙的事兒多了，讓她沒太多的時間發愣呆傻。母性的本能如是強大，娃兒哭了會記得餵奶，也會輕手輕腳的幫娃娃換尿布，看在眾人的眼裡，眞是替老兵感到高興。小娃兒的臉蛋白裡透紅，哭聲宏亮，手腳胖嘟嘟的，是個健康的小妞，老兵常抱著娃娃在院子裡坐著，不時的親吻著她，也會喃喃自語的同她咿咿呀呀的說話，幸福滿足的父愛溢於言表。

女娃滿月這天，村子裡熱鬧非凡，就像是收割演大戲一般喧騰，除了滿月的宴席佳餚之外，村人還把自家所珍藏的老酒、好茶、手路菜全帶來共同分享，準備暢快的吃，豪邁的喝，有著不醉不歸的氣勢。

宴席開始不一會兒，阿義就風塵僕僕的踩著腳踏車趕來了，孩子們見了就一股腦兒衝上前去迎接，婆婆媽媽們趕忙攔著寒暄問候，有的急忙牽著他的手要他快快入席吃飯，男人們見了阿義也馬上邀約拚酒。阿義不改往日的憨厚笑臉，慢條斯理地說：「不急不急，我先去送個滿月禮，等等就過來一起吃飯喔！」

轉身進到屋裡去，展開雙臂從老兵的手裡抱過小胖娃，開心的直誇這小娃娃眼睛骨碌碌的四處轉來轉去，將來一定是個聰明好學，能讀詩書的孩子。老兵聽了眉開眼笑，阿義還跟老兵鬧著說能否當孩子的乾爹？說著說著往娃兒的襁褓裡塞了一隻金鐲子。小娃兒彷彿知道什麼似的，大口大口的吸著小拳頭，吱吱作響的聲音，逗樂了在場的老兵與她的少妻，少妻也盯著阿義愣愣的笑著。

老兵十分乾脆的拍拍阿義的肩膀說：「小兄弟，就這麼說定了！你當娃兒的乾爹，哪天我先走一步之後，你要幫我看著她找個好人家嫁了！」

阿義拍著胸脯保證一定做到，開心地對著娃娃說：「叫乾爹，叫乾爹！快快長大，乾爹帶你到國外去讀書喔！」

一場滿月宴席，直到晚風輕拂，月色悄上樹梢，才聲息漸歇。這一晚，村子裡的人都酒酣耳熱的進入夢鄉。阿義則暫住里長伯的家中，里長婆三句話不離本行，開始牽起紅線，向阿義提起自家表妹的女兒阿玉，年紀已到了適婚年齡，在城裡讀完高中後返鄉擔任幼稚園的老師，長得不錯且氣質非凡，女方家對他的印象非常好，不知阿義是否有意思？阿義聽完里長婆的介紹後，臉上先是一陣紅，隨而婉辭。

媒婆擁有三寸不爛之舌，豈能輕言放棄，自是一番苦口婆心勸他早日娶妻生子，人生才是完美無憾，說到口沫橫飛仍不肯作罷。阿義只好漫不經心的猛點頭，隨即吞吞吐吐的說：「里長婆，我—我—我，再一個月就要去日本接受醫藥人員的訓練，如果順利結業，可能會留在日本工作，未來的情形會如何不敢預料，所以，不敢多做安排，娶妻生子就等等再說啦！你對阿義的厚愛，這輩子我會一直放在心裡面的。」

里長伯摘下眼鏡瞪大眼看著阿義，里長婆的嘴巴頓時合不了口，他們以爲自己聽錯了，緊緊抓著他的手臂，問他是否在開玩笑？阿義怎麼會離開他們？阿義怎會選擇遠赴日本去發展？這一夜，里長伯家的氣氛特別傷感，是一夜輾轉的難眠。

翌日，里長伯陪著阿義到各家巡藥袋，藉此一一道別，每說一次保重，阿義就鼻酸，見到多情善感的村人眼眶泛紅，他也只能強忍著眼淚，快步前往下一家。

最後一站來到了村尾老兵的家，阿義向老兵及少妻告別，老兵拍拍他的肩膀說：「年輕人就是要勇敢的闖一闖，不管未來發展如何，總要再回來讓大家看一看啊！」

少妻傻傻地拉著阿義的手，低聲地說著：「你要回來看我們一起種的花喔！」

阿義把少妻懷中的娃兒抱了過來，摸著他的臉龐說：「小胖娃，要乖乖吃乖乖睡，長大認眞讀書，拿很多很多的獎狀，乾爹寫信回來，你要唸給大家聽。如果乾爹有回來，一定會帶你去買禮物，長大以後帶你到國外讀書喔！」說著說著，阿義的眼淚也不聽使喚的滾落，趕緊別過臉去，不想讓別人瞧見。暮色中，阿義與承載藥品的那車，緩緩地消失在村子口，漸行漸遠。

老兵決定全心全意陪著娃兒長大，索性辭去牛肉麵攤的工作，專心扮演起慈父良夫的角色，買菜、燒飯一手包辦。少妻常楞楞的斜著頭看著她的夫忙裡忙外，老兵也以慈愛的笑臉看著母女倆，有時還會順手摘朵院子裡的花朵給她把玩，少妻天眞的聞著手中的花香，還會順手將花兒插在髮際間，然後開心地哼著自己的歌，這可把老兵逗開懷了，陪著少妻一起呵呵笑著。

傍晚時分會背著娃兒，牽著少妻在村子裡散步，有時少妻也會像小孩子似的，對著他的夫嘰哩咕嚕說上一大串的話。

「老兵啊！幸福喔！有兩個女兒。」

村人總愛這麼說著，老兵聽得懂話語中的含義，但也沒將這些閒雜瑣事擱在心上，一心一意伴隨著他的妻，照料著他的娃。

時序的遞嬗，不曾爲誰駐足停留，彷彿昨日才看著老兵牽娃兒學走，轉眼又陪著進學堂，倏地升上國中，考進了師範專科學校，成爲村裡人人讚揚的女狀元。娃兒已是娉婷少女，少妻也成爲豐腴的少婦，老兵身體卻日漸羸弱。

娃兒的媽長期接受西醫的治療，精神狀況一天天進步中，已經可以打理自己的日常生活，也能到菜攤上買食材，即使要她做簡單的飯菜也不是問題了，這讓老兵心中的那塊石子稍微放下。

至於女兒呢？就讀的師範專科學校有著公費照料，順利畢業後自有鐵飯碗，也無須爲她操太多的心，但是……他自覺時日不多了，唯一放不下心的永遠是他心中的少妻。

而另一個隱藏在心間多年的祕密至今仍然梗在心間，不知該如何解密？又該向誰傾訴？女兒，還不夠大，不能直說。妻？也不知她是否已經清楚憶起往事，這連他也沒把握，更不能冒然提起，以免讓她的精神狀況再度失控。這個結，他左思右想，已經在心中盤算思索了好些時日，始終未能有所領悟。

冬日的午後，暖陽照得他發睏了，躺在屋簷下的搖椅上，沉沉的睡了。夢裡頭，彷彿看見阿義挽著少妻的手，他們一起覆土播種的籽兒發芽了，一夜的春風吹拂，玫瑰花兒展葉結苞，春雨澆灌下，開了朵鮮艷欲滴的大紅玫瑰。他對這朵初綻的花兒笑了，因爲這是少妻最喜愛的玫瑰，他終於也贏得一朵芳香沁人的紅玫瑰，誓言要視如己栽，拚了老命也要與他的少妻共同守護著她。當他入新墳時，少妻將會帶著紅玫瑰前來探視他……想到這，他，在這個夢裡，笑了。

巫女

穿梭林間，攀岩盪藤，風起雲湧，鷹飛鳶唳，這是巫女採藥於林間，日復一日，再熟悉不過的森林場景，有時陽光灑落，樹影交錯，山貓、飛鼠與光影共舞；有時煙雨濛濛，苔蘚、山蕨、野菇爭相吸取日月精華，而猴群吱吱嚷嚷遊蕩於群樹之間，占領枝頭採食野果大啖，嚇得果子狸暫停覓食，識時務的速速迴避。巫女盤坐高踞於枝椏之間，眼睛不停的在花草樹籬間掃視，來來回回，尋尋覓覓，而那朵傳說中的神祕花精遲遲未見蹤影。

謹記著師父昨日的交代，巡守森林周遭，勿讓閒雜人等進入森林深處，以免傷及無辜釀成災禍遺害。巫女輕巧轉身，從樹椏一躍而下，剛下過雨的山間小徑布滿鮮綠的青苔，又濕又滑，而掉落一地的野生榕果發出了腐爛的酸臭味，濁了森林的清新氣味。

巫女取出袋中的花精，輕輕彈灑於樹叢裡的苔蘚和地衣上，瞬間蘑菇冒出頭來，變換奇光異彩，各種奇花迷香也隨風紛飛，巫女被這魔幻的森林舞影逗樂了，開心的在綠蔭樹林中穿躍。雲霧圍繞的森林裡，時而披上薄紗上演著浪漫場景，時而瞬間風起雲湧詭譎多變，巫女仔細觀察著周遭的蛛絲馬跡，掌握森林裡的風吹草動。

瞧，前方那棵粗壯的青剛櫟，樹皮已遭爪子抓扒，被啖食後的果骸還濕潤新鮮，地上甚至還留有熊掌的腳印；冷杉、鐵杉、雲杉這類針葉樹的樹皮，又酸又澀，但是水鹿愛啃，有時邊食用邊磨腳，重複的啃食常折騰的雲杉半死不活；腳邊那些被折斷的莓果莖葉，證明竹雞已經大清早來過；穿山甲也會用自己有力的前爪打破蟻穴，開挖蟻洞大快朵頤了；竹林裡新冒出土的嫩筍，早已被山羌搶先一步啃食殆盡；那棵野生的楊梅，果實也被不善飛行的五色鳥獨享了；山棕成熟的果實已剝食一地，不是白鼻心就是獼猴的傑作；至於地面殘留的小半截蚯蚓，應該是藍腹鷴吃剩的吧！雨後的草叢裡隨時有可能會遇見蛇王，可要特別當心草叢裡窸窸窣窣的聲響，以免驚擾了牠的冥思。

路面上遺留下來的動物排遺，也是重要的線索，藉由「排遺」的外形、大小、顏色，氣味與內容物及粘稠度等，配合環境的型態，可以判斷「誰」曾經到訪此地。巫女隨手撿拾枝條撥一撥，黃金裡隱藏了重要的訊息，從中可以了解訪客大小、健康、食性及數量。然而這些森林裡的野蠻朋友，只要你友善的與他們共處，通常不會主動來招惹，不過那些吸血水蛭、螞蝗、飛蟲，可會冷血無情的使出死纏爛打的功夫偷襲，尤其是小黑蚊，悶不吭聲的吸嗜人血，被騷擾之後肯定過敏搔癢起紅疹，這些嗜血如命的傢伙讓巫女感到十分厭惡。

爲了學習採擷藥草煉丹的知識，她必須忍耐一切不按常理出牌的山林考驗，有時日夜穿梭樹林，也遍尋不著稀有的草藥，有時不經意的發現，腳邊竟然就是一株珍貴的靈芝仙草，出奇不意的爲巫女帶來幸運的禮物。

當她餓了，四周圍穿著長裙的曼妙女郎，披著羽毛似的新綠衣裳，張著毛茸茸的問號小拳頭，杪欏優雅的迎接她並慷慨解囊提供了嫩葉止飢；姑婆芋也假惺惺地向她招手，展示著她誘人肥美的芋頭，但是巫女可不會飢不擇食，先以水珠試驗，水滴無法形成圓滾滾的露珠，眞芋假芋立見分曉；黃藤的心若是以火燒烤一下，便成爲美味佳餚，但剝莖取心時得格外留意它的刺，否則扎得你滿手疼痛難耐。

對於判斷森林裡的野果是否能夠食用，師傅教的法則巫女牢牢記在腦海裡：白色或黃色漿果類植物別做非分之想，他們通常有毒性，有一部分的紅色漿果類植物可以吃，最安全無虞的是藍色或黑色漿果類植物，幾乎都可以果腹止渴，熟透的果實會迸出如蜜的汁液，甜美醉人；色彩鮮艷的誘人野菇，沒事盡量別招惹，中毒的機率最高，輕則嘔吐腹瀉，重則昏厥奪命，不可不慎；紅嫩飽滿的野莓是酸甜可口的水果，但可別和山寨版的蛇莓搞混了，否則會大失所望的；如果想嚐嚐鮮脆的野菜，蒲公英和昭和草是最容易取得的上品。這些野果野菜，順手拈來足以讓巫女暫時裹腹，自在山林之中。

折折騰騰了一整日，踏遍了林蔭，清查了無數大大小小的洞穴，確定無生人隱匿黑森林之中，巫女結束任務，準備趕在入夜之前回去向師父稟報。於是，盪起樹藤，被驚擾到的五色鳥，趕忙鑽進樹洞裡躲藏；飛鼠卻一點也不怕，還在林間滑翔比高下。但今夜巫女無心嬉戲，因為在黑森林之處，當月上枝頭時，師父可就要與山精狐狸比劃高下，巫女膽怯不可踏入該禁區，一來是功力薄弱無法自保，擅入徒增危險也會造成師父的負擔；二來師父疾言厲色再三的叮嚀讓她心生畏懼，不敢違背抗旨。

若非師父與山妖比武之日，她得以逍遙快活盡情的在山陽之處吸取日之光華，入夜時刻與貓共賞月之柔美，但師父交代她去尋找水晶般透亮的慾之花，踏遍黑森林的蓊鬱深處卻至今仍無法交差，這差事著實頗令她感到挫折。夜沉寂，林靜謐，貓頭鷹瞪著大眼，睥睨地問著巫女：「任務太艱難，無法完成？

來來來，陪我守夜唱歌吧！」巫女不搭理他的嘲諷，小心翼翼地踱步林間，遇上濕滑難行的苔面，也只好使出巫女的魔幻移位本領，然後一躍而上盤坐樹椏間。

但今晚森林裡散發一股詭譎的氣氛，雖然有月光相伴，身旁的貓竟不自主的哆嗦起來，彷彿身旁藏有無數窺視的眼睛，正虎視眈眈地想把你吞噬，想必邪靈濁氣充斥此地，連貓也察覺了不對勁的氛圍。這讓巫女的心中更是忐忑不安，身子隨之打了個冷顫，差點從樹椏上掉了下來。

夜晚的森林太過於安靜，連風吹拂樹葉的聲音也清脆響亮。此時安靜的樹林突然起了變化，小樹林開始騷動了，眼前的幾棵大樹也搖晃了起來，灌木叢裡傳來沙沙沙的聲響，越來越大聲，越來越逼近巫女和黑貓，空氣中瀰漫著血腥的氣味。

刺耳淒厲的鳥鳴聲從樹林的盡頭傳散開來，烏雲也開始醞釀偷月的計畫，不一會兒星月已被黑雲籠罩，最後一絲光線穿越過那片枯葉林後，周圍的景色驟變。揪著心的她決定速速離開此地，先回蘑菇洞穴裡避一避，等天亮之後再向師父稟報今夜的異相。

巫女順手抓起身旁的藤蔓，快速攀盪於漆黑的樹林之間，從這一段藤蔓盪到下一段的藤蔓，有如迅風一般穿梭著。貓躲入她的採藥籃子裡，沒有懼高症的牠卻也被盪起一身的豎毛啊！一個不留神，腳卻被地面低矮的黃藤絆住，疼得巫女不得不停下來除掉這滿身是刺的藤蔓。

甫落地，腳下一片腥臭，不知被何種濕黏的液體沾了滿腳，漆黑中猛然嗅到了濃烈血腥的味道，但是在變幻莫測危機四伏的森林裡，什麼怪事沒遇過？但此時不宜多加思索與停留，需快速回到師父附近的蘑菇洞穴，再仔細端詳究竟發生何事。

奔跑！奔跑！想使出魔幻合一的技巧，腳卻被樹根牢牢絆住，手也被血藤縛住，腦子霎時也不聽使喚，她的身子越來越無力眼皮也越來越沉重，一個踉蹌，她與貓一起跌落荊棘叢裡。

從夢中掙脫，張開眼睛之際，朦朧中，看見棕櫚葉上躺著受到驚嚇而癱軟的貓，她的身子正壓著黑貓垂落的尾巴。師父嚴肅冷靜的托著藥缽，以手沾著草藥水不停的往她的身子灑淨，又腫又癢的紅疹布滿了雙腳及雙手。

眼神所及之處，開始像萬蟲叮咬，鑽膚入骨的劇烈疼痛時時刻刻無法停歇，師父將巫女的手腳以細細的麻繩綑綁住。天哪！究竟發生了麼事？莫非又是受到猛獸邪靈的惡血攻擊？若非貓頭鷹機警通報師父，否則後果不堪設想。

野獸之血具有烈毒，在巫女剛到師父這兒時也曾受過攻擊，但爲何此次會受到如此遽然的疼痛？師父也直搖頭猛嘆息，這更讓巫女百思不解。身上滿布腥臭的邪靈獸血，依常理而言，洞穴裡應早已臭氣熏天難以忍受，但她的身上竟瀰漫著迷戀的香氣，時而散發清淡雅致的青草氣息，時而轉爲濃郁香甜的花香，香氣沁鼻泛上一臉緋紅，心則狂亂的怦然不已。這一切不尋常的訊息著實困惑了巫女。

師父蹲坐在冷杉樹旁的巨石上，拱著圓圓的背脊，閉著眼沉思，額頭上的皺紋又粗又深，就像老杉木的樹皮一樣。手上的煙不知何時熄滅了，但仍叼在嘴邊，何事讓他想得如此出神？樹上的貓頭鷹也歪著頭認眞的苦思冥想。

他彈掉手中的煙頭，一個縱身躍下巨石寶座，順手拿起前些時日剛製作完成的驅魔神杖，口中喃喃的唸著一長串的咒語，那些咒語是巫女還未學習過的，聽來相當陌生拗口。巫女咬著牙忍著疼痛，滿腦子的困惑卻也不敢擅自開口多問。

師父卻早已看出巫女的心事，微張著唇，停了半晌抽口氣後緩緩的說著：「獸食慾之花，花精發酵於獸血之中，你沾染了此血，慾之花精也已潛入你的心神，之後的因緣與造化需要你自行承受，師父無法代勞也無法免去你該受之罪，但美好與罪總是同行，無需太多擔憂與恐懼存於心中，機緣與命運並行前來，你該學習獨自面對未來的考驗，勇敢的接受各種任務的洗煉，才能成爲眞正的巫女，是時候該離開師父的羽翼，獨步山林了。」說罷，師父又點起另一根白色鼠尾草熏杖立於穴口，獨自點燃菸草，凝視著遠方，不發一語了。

一連幾天，巫女按時服用草藥，晨昏以熏杖淨灑，反覆唸誦師父傳授的咒語，在雪松樹下靜坐調息。手腳的疹子與腫脹漸漸消退，但腦子卻逐漸浮現出奇異的景象、空間與時序，時空的轉換與現象無法以言述詮釋，都只能用魔幻離奇來註解。

這天，天微微光，在師父的帶領下，升起熊熊烈火，火焰的光映照在粉色的能量水晶球，光暈瞬間纏繞旋轉，交織出一幕幕如海市蜃樓般的場景，令人眼炫耳鳴的，師父說這是未來的景象縮影。巫女極力的想瞪大眼睛網住影像，卻被突如其來的山精狐狸攪局了，他又前來，想再找師父一較高下。師父無法繼續傳授更多細微的祕笈，下達命令巫女立即離開此地，今晚，此地將是他和狸妖的競技場地，不許留下，速離，不准回頭。

貓拱背倏地一跳，躲入藥草籃裡，巫女自在快活的山林生活，在不平靜的夜裡即將畫上休止符，帶著貓，盪著樹藤，漸行漸遠，奔向黑森林的另一方。

貓餓了，蹭著即將進入沉睡的巫女，在山林深處，師父和狸妖山精的決鬥究竟如何，仍不得而知。而那朵巫女遍尋不著的慾之花，今夜已悄悄的在黑森林的那端綻放了。

飄過的雲

這村子裡最有錢的聚落非王家古厝莫屬，那裡有著偌大的庭院，種滿芭樂、蓮霧、龍眼、荔枝等等各式各樣的果樹，兒時放學之後我們常在此逗留嬉戲，是個自在的遊樂天堂。古厝入口處佇立好幾棵大榕樹，樹下那座土地公廟前的空地，早上是老人家乘涼聊天的所在，每到傍晚放學時分，就成了男生們ㄒㄧˋㄢ牌ㄚ、打陀螺的廣場，也是女生們跳橡皮筋的好所在，樹根總被一座座小山似的書包以及一頂又一頂的小黃帽所盤據。

鄉下學校的學區分布甚遠，放學時的路隊被分成好幾條路線，王厝與我家相距不遠，所以在編排路隊時屬於同一條陣線，我與王家的寶貝孫女茉莉因而日益熟稔。從入小學開始，我們被分在同一個班級就讀，她的奶奶平日會來學校幫忙打掃教室維護整潔，當村子裡演酬神大戲的時候，也一定會前來邀請老師到家裡作客，因此和老師建立了深厚的情誼，理所當然她也倍受關愛。

茉莉長得人如其名，皮膚白皙，濃眉大眼，鼻子高挺，脣紅齒白，兩條髮辮粗黑烏亮，穿著華麗的洋裝，腳上的紅鞋子鑲著閃亮亮的珠珠，活生生就像城堡裡走出來的小公主般，受到同學的喜愛，即使下課時間只有短短的十分鐘，同學們搶著圍繞身旁與她玩耍。

大人們每次見到月英嫂牽著茉莉時，總會大肆讚賞這個孫女是美人胚子，既可愛又懂事，長大以後可以去當歌星，也可以去競選中國小姐，月英嫂聽了總笑得合不攏嘴，直點頭表示這個孫女真的是家族中長得最標緻的。但是，當他們祖孫兩人前腳剛走，三姑六婆們就開始說三道四了。

原來，茉莉的媽媽是姨太太，是月英嫂的兒子在台北開店做生意時認識的，但是，在生下茉莉不久後就生病過世了，而月英嫂的媳婦怎也忍不下先生娶姨太太這口氣，遑論接受這個私生女了，茉莉就在這種情況下被帶回鄉，交由奶奶撫養。

在那個年代，娶姨太太的都是有錢有勢的人，而且姨太太通常也都比元配年輕且漂亮，所以，茉莉如此美麗，應該是遺傳自她的媽媽。雖然村裡的人都不曾見過她的母親，但卻對她的一切充滿各種想像，編造出許多關於這未曾謀面女子的故事。

月英嫂對於村頭巷尾對茉莉的身世加油添醋這件事，她心知肚明，但這都影響不了對這個孫女的疼愛。大宅院裡，年輕人早已紛紛往外地發展做生意，只留下老一輩的人守著這古厝，月英嫂的先生是王厝家族的大地主，養了二、三十個長工替他耕種，他生性好賭，一個月裡有半個月是在賭場裡頭過活，把田地與家產賭掉一大半，要不是他英年早逝，恐怕連王家大宅也保不住。

年輕就守寡的月英嫂，好不容易將兒女拉拔長大。女兒喜歡讀書，專科畢後進入日商公司當翻譯，認識了時常前來洽談的日商，因緣際會就遠嫁到日本，每年會定期回鄉探望她一趟。

每當日籍太太回來時，總成為親戚朋友及左鄰右舍之間矚目的話題，爭相抽空前來聊天與問候。當然，來者是客，王大小姐出手十分闊綽，會以日本的絲襪當禮物回贈。在當時能擁有一雙日本的絲襪是何等珍貴啊，即使穿到抽絲破洞，還捨不得扔掉呢！也難怪每到過年前夕，大家總是關切地問著王奶奶：

「恁兜幸枝ㄚ當時欲倒轉來？」他們期盼著幸枝回鄉，期盼著兩大卡皮箱裡，裝滿著大家所期待的等路。

不只大人們會關心茉莉姑姑何時回來，身爲她的同學也是引頸期盼。只要日本姑姑回來，會帶著大包小包的等路來拜訪老師，但總會在教室門口和老師推推拉拉好幾回合，最後，禮物才會被收下。姑姑也帶給同學們甜蜜蜜的巧克力糖，巧克力，這是多麼新奇又奢侈的糖果啊！校門口前那家販賣糖果的雜貨店，至今也不曾看過這款零食。這一塊塊黑得發亮，甜得膩人的零食，是多麼難得，多麼神聖的禮物。

分發巧克力的那一刻，就像在觀看棒球錦標賽，每個人屏氣凝神，坐得直挺挺，把小手背在腰後，眼睛閃亮亮的期盼著，殷殷的等待著巧克力降臨眼前。在這神聖的一刻，茉莉的臉上是多麼的得意，她就像是站在城堡陽台上的公主，向她的臣民灑下幸運的糖果，因而獲得了滿滿的感恩與崇拜。

當老師准許我們吃巧克力的時候，有的迫不及待大口大口的狼吞虎嚥，怕被鄰座的貪吃鬼搶食了；有的則像貓咪舔食，一小一小口慢慢品嘗，深怕巧克力瞬間就消逝了；有的則是捨不得吃，攤在手掌心中行注目禮；而不小心讓巧克力掉落地上的人，也趕緊撿起來胡亂擦一下就往嘴裡塞。總之，巧克力旋風所帶來的快樂，讓茉莉一下課就被團團包圍，像是大明星被粉絲包圍住。當然，每次茉莉的姑姑回來，都會讓我們羨慕不已，懊惱自己爲什麼就沒有這樣慷慨又有錢的姑姑呢？

至於茉莉的爸爸，可是個遺腹子，月英嫂喚他爲——順ㄚ，意思希望他這輩子順順利利。一個年輕的寡婦得一肩挑起重責，獨自將兩個孩子撫養長大，是多麼艱難與辛酸啊！雖然打從出生就是個沒爹疼的孩子，但自小就挺爭氣的，在聯考時擠進台中商專的日語系，對於民風純樸的鄉下而言，能考上商專攻讀日語是天大的了不得，月英嫂的辛酸霎時退盡，總算能夠揚眉吐氣了。放榜那天，她刻意梳妝打扮蹬著高跟鞋，大搖大擺地走進市場，眉開眼笑的放送著這件喜訊，接受大家羡慕與些微嫉妒的祝福。

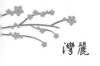

順ㄚ畢業以後，擔任日本線的導遊工作，除了專心負責導覽與服務旅客，也擅長推銷各式各樣日貨與保健藥品，協助單幫客批貨，努力賺取更多的收入，也從中了解進出口相關的程序與法規，學習經營批發貨品與銷售的本領。幾年後，他辭去導遊的工作自行創業，加上日籍姊夫的協助，在台北順利的開起委託行。一家十坪不到的店面，裡面卻擺滿了五花八門的舶來品，從服飾皮件、食品飲料、電器碗盤、藥品及髮妝……一應俱全，琳瑯滿目的貨品，讓上門的顧客目不暇給，而且價格比其他同業更爲優惠，所以，店裡頭的客人總是川流不息。

沒幾年光景，不只店面擴大了，還陸陸續續再展了三家店。事業有成的他在鄉親的媒妁之言下娶了老婆，這個老婆是典型的好媳婦，除了協助理貨、送貨、家務也不假手他人，身強體壯勤快又耐勞，月英嫂對這個兒媳婦讚譽有加。閩南語有句諺語：「娶某大姊，坐金交椅。」這在順ㄚ的身上可是實實在在被驗證了，這個大他三歲的太太，不僅爲王家添得二個壯丁，也將家裡打理得妥妥貼貼，店裡的雜事細項也理得有條不紊，大家都稱羨他有個賢內助。

小雪是委託行裡的靈魂人物，只要她值班的時候，店裡頭是熱鬧非凡，客人川流不息，營業額也是超級亮眼。除了她的口才一流，招呼客人親切有禮，本身更是活廣告，窈窕的身材穿上店裡頭的任何一件衣裳，頓時都成爲爭相搶購的熱銷商品，更遑論她所使用的保養及彩妝系列產品了。她吃得了苦，即使加班至深夜，也不曾有過任何怨言，深受老闆的青睞，成爲得力的助手，也給予她令人羨慕的高薪。

但十分令人詫異的，小雪在店裡頭已工作了五年，卻在過年前突然無預警的辭職，爲什麼會捨棄高薪？使人百思莫解，任憑老闆娘如何慰留，也無法改變她的心意，只好忍痛答應讓她離職了。在尾牙盛大的聚餐時，大家熱心的想找小雪回來聚一聚，關心她的近況如何？但任誰也找不到她的蹤跡。租屋處所更改了，電話當然也無法聯繫上，離職後的小雪，並未和委託行的同事有任何的聯繫，就像斷了線的風箏，不知飄向何方？

農曆新年時，順丫獨自返鄉，媳婦與孩子並未一同回到鄉下過年。他拖著一只黑皮箱緩步前行，懷中抱著幼嬰，不時低頭逗弄著她，冷風襲來，又趕緊理一理包裹嬰兒的被巾，深怕手中的小幼嬰受到風寒的吹襲。走到村子口，聚在土地公前聊天的鄰居，遠遠看見順丫的身影，急急拍拍屁股起身，快步走向前招呼。

一見到懷裡的幼嬰兒，馬上探頭細瞧，一邊恭喜他添了一個小公主，一邊誇讚這幼嬰兒皮膚白嫩，眼睛水汪汪，眞是漂亮。接著晃頭晃腦左瞧右看，困惑的問著：「丫，恁某佮兩個囝兒那會無看見？」順丫，咧著嘴笑了笑就埋頭繼續向前走，並未多做解釋，留下滿滿的疑惑給伯公樹下的婆婆媽媽。

晚餐後，王厝開始挑燈備戰了，爲了迎接新年，主婦們開始準備製作各式各樣祭拜的米食。有的正在泡著米，有的已開始磨米，有的忙著清洗蒸煮的鍋具……大家互助合作一起忙碌起來。天氣越晚越冰寒，然而過年的氣氛是越來越濃厚。

月英嫂將院子裡的燈火打得通明，這回倒不是爲了蒸年糕而做準備，她披著一件日本製的鋪棉的大衣，不發一語的坐在長椅凳上，望著忙上忙下的妯娌們發呆。兒子不一會兒也穿過客廳的拱門走出屋外，月英嫂示意他坐到長椅凳條的另一頭，母子倆已好幾年不曾這樣在過年的寒冬夜裡聊天。他們悠悠長長的聊著，臉上的表情淡淡幽幽，順ㄚ的目光微泛著淚，月英嫂神情看似鎮定，卻不時以衣袖拭淚。

這是個烏寒的夜，帶著鹹味的海風夾雜東北季風狂妄的吹襲，一排竹林發出嗚嗚せせ的聲響，好似在與這粗暴的風對戰，老榕樹枝幹粗壯不爲所動，但一樹的葉子也被擾得不得安寧，左搖西晃整夜沙沙作響。此時，嬰兒的哭聲驚擾了母子倆的對話，順ㄚ轉身進屋。月英嫂將衣領拉個高高的，凝望這天頂上的月娘好一會兒，起身將長椅凳放回屋簷下，慢步走向順ㄚ的房間。

昏黃的燈光映照著母子倆，他們輪流抱著嬰兒，輕慢的拍打著小屁股，低頭撫摸著紅嬰兒的臉頰，來來回回踱步搖她入睡，這三人的身影讓老屋有了鮮活的生氣。

這個春節裡，村姑六婆總圍繞著順ㄚ的話題在打轉。月英嫂的媳婦及孫子留在台北過年，這是以前從未發生過的事情，而且，也沒聽說過他的媳婦懷第三胎的消息，不禁讓人好奇的臆測起這個小女嬰的身世來歷。新春時節，喜好打探消息的人當然不少，趁著到月英嫂家拜年的時機，刻意逗弄小女嬰，眼睛直溜溜的盯著瞧，彷彿想從小小的臉蛋讀出生母的模樣，更進一步想查出「她」究竟是何許人也？

過完年，外地遊子陸陸續續返回工作地，王厝再度重回寧靜的時光。月英嫂卻開始忙碌了起來，一手包辦起照顧這個新生娃兒，雖然事隔多年再度當起保母，不過身手仍然專業又俐落，泡奶、餵食、洗澡、打預防針等等照顧上應注意的細節，一點也不馬虎。小娃兒就在她的呵護下，七坐八爬九發牙，十捏周歲獨站穩，隨著一天天健健康康的長大，雖然順ㄚ一家子已經快一年不曾回來過，她也沒把這事掛在心上，全心全意拉拔著小孫女。

時光荏苒，聖誕節前夕，月英嫂的女兒從日本回來了，王家的庭院又再度湧現鄉親的熱情。「茉莉」是姑姑幫初次見面，卻已牙牙學語的姪女所取的名字。她自己沒生養一兒半女，索性就將戶口報在自己的名下，收養為女兒，也有意將茉莉帶到日本育養。奈何，無論怎樣好說歹說月英嫂也不肯點頭，堅持要親自撫養這個剛出生沒多久就沒了親娘的孫女，一來，可以陪在她身邊做伴，二來，想替自己的兒子補償些未盡的父職。

儘管幸枝一再懇求，但終究敵不過自己媽媽的執著，只好打消自己的念頭。但也因為茉莉的關係，她每年回來的次數增加了，每次停留家裡的時間也更長了，想讓茉莉得到多一點關愛，也想為自己的弟弟分擔點職責。只要她回台的期間，會刻意安排茉莉與順丫見面，儘管她知道弟媳因此對她不諒解，但她並不在乎。一個打從出生就沒了娘的孩子，連自己的父親一年也難得見上一面，任誰都為茉莉感到心疼。

幸好孩子有著姑姑與奶奶全心投入的疼愛，活潑大方懂禮貌，越是長大越是得人疼惜，尤其是她把茉莉裝扮得日本的小公主一般，長輩們都直誇她是村子裡頭最漂亮的女娃娃。這可是讓姑姑樂不可支，她期盼著茉莉成為聰明又美麗的姑娘，好好承接起他們家族的生意。相信，她有著優良的基因，絕對可以比她的母親更加能照料生意，進而繼續拓點展店的。

這偏僻的村子裡只有一所小學，並沒有設立幼稚園，村子裡的孩子幾乎都是未曾上過幼稚園就直接進小學就讀。而茉莉因爲有姑姑的協助，她的奶奶每天早上帶著她搭公車，送到街上的幼稚園讀書，因此，她一入小學時，除了打扮穿著引人注目，課業的表現更是遠遠超越其他同學，受到老師的疼愛與讚賞，她是如此閃亮，身旁總是圍繞著愛戴者，眞是令人羨慕。

不過，當我們升上中年級之後，開始有蜚短流長的話語在發酵，茉莉的身世成爲同學排斥她的理由，說她是細姨的孩子，媽媽生下她就死了，她是帶煞的掃把星，要離她遠一點。這種謠言越傳越厲害，茉莉光鮮亮麗的世界，頓時間墜入了幽黯的隧道，她悶悶不樂，好幾次放聲大哭。老師越是安慰她越引發同學的醋意，這被孤立及排斥的痛苦，讓她無心課業，成績一落千丈。

我不知該怎麼安慰她，只能夠繼續當她的好朋友，下課陪她玩，放學陪她走回家，至於功課，有時就在大榕樹下共同完成。我才不管茉莉的媽媽是不是細姨，也不相信什麼是天生的掃把星，只覺得那些愛嚼舌根搬弄是非的大人才可惡，爲什麼要拿大人們做的事情來欺負小孩子？但是我們眞的太小了，微小到只能躲在自己認爲安全的小角落，根本無法和大人的世界對抗。

聖誕節前夕，茉莉的姑姑按照往昔從日本返鄉。甫見到姑姑，我立刻義憤塡膺地把茉莉被同學恥笑及排斥的事情一五一十的陳述，茉莉在一旁默默的掉眼淚。滿心期待姑姑馬上就到學校替茉莉討回公道，讓那些囂張的同學稍稍收斂一下。翌日，一整天左顧右盼期待姑姑的到來，卻直到放學時刻，仍不見蹤影，讓我好生失望。

當我和茉莉手牽著手回到王厝的村口時，卻看見姑姑坐在土地公廟前，和一大群的婆婆媽媽聊得起勁，每個人的手中緊握著禮物，他們笑顏逐開的高聲闊論，談論著我們聽不懂的事情。當他們瞧見茉莉時，馬上露出笑臉，招呼著我們。尤其是里長娘最爲矯情誇張，咧著鮮紅的大嘴，露出了金色的假牙，示意要我們坐下來，還趕忙盛裝龍眼乾湯圓要我們吃。

奇也怪哉，這一陣子都是她在興風作浪，看見我們遠遠走來，還一臉不屑把頭一撇，與鄰居交頭接耳說著茉莉生母壞話的她，今日怎這麼假惺惺的熱情對待我們？霧裡看花實在搞不懂，但也不去多想，找個空隙就一屁股坐下來，大口大口吃著甜滋滋的湯圓。

才剛放下碗筷，遠方，校長及班導師正朝這兒走來，嚇得我和茉莉連忙背起書包往她的房間裡躲，不知他們爲什麼一下子都聚合到這兒了？我們從窗戶邊偷偷地盯著他們的一舉一動，但仍猜不著是怎麼回事。

回家之後，我急著將最近發生的事情告訴了媽媽，沒想到媽媽的回應好冷淡，直叮嚀小孩子有耳無嘴，不要多管閒事。哎，大人的世界怎麼這麼複雜？說也奇怪，自從姑姑每天來校門口接茉莉放學，同學們又主動上前和姑姑揮手再見，而且排斥的情形也漸漸消聲匿跡，昔日擁護茉莉的同伴又一一歸隊了，她再度展開笑靨，這讓姑姑心中的石頭稍稍放了下來。的確，在這窮鄉僻壤，能帶給大家一點禮物，製造生活上的小確幸，終究化解了茉莉的許多不愉快。

小學畢業之後，茉莉被安排到台北就讀私立中學，她的奶奶也跟隨北上照料生活起居，此後就幾乎不曾在王厝看見他們的身影了。而升上國中的我們各自努力拚著學業，希望能考上好的公立學校，才有機會爭取外出讀書，不然只能繼續留在鄉下幫忙農務，將來很難再有機會跨出這樣的生活模式。

聯考完畢的那個暑假，茉莉和奶奶及姑姑一同返回王厝了，我和她已經三年未曾謀面過，差點兒認不出彼此。她有著高瘦卻豐滿的身形，穿著打扮入時，微捲的俏麗短髮很時尚，白皙的皮膚襯著緋紅的臉頰，慧黠的眼眸像是澄清的湖鏡，像是一朵盛開的香水百合花。相形之外，我是如此的矬，清湯掛麵，戴著笨拙厚重的粗框眼鏡，乾癟黝黑，十足農家女孩的模樣，不禁自卑了起來。

她伸出溫暖的雙手，將我緊緊握住，一千多個日子不見，改變的是容顏，不變的是熟悉的友誼，我們再度坐在土地公廟前的大榕樹下，回憶著小學的快樂時光，也聊著未來的夢想。記得以前，當「車掌小姐」一直是她最大的夢想，想隨著巴士去旅行，欣賞著一站又一站的人文景色，閱讀每個乘客的心情故事，儘管她搭車可是會暈車的，仍未影響她對此份工作的嚮往。

那個時代，車掌小姐每個相貌非凡，穿著高雅合身的工作制服，戴上小船形帽，負責車上的查驗票，協助乘客上下車，吹哨管控車行秩序與安全，是令人欣羨的職業。尤其是金馬號小姐，就像當今受矚目的空服人員一般，可是風靡全臺，不知令多少男性乘客爲之傾倒，甚至慕名前來搭乘。只不過夢想終究敵不過現實的衝擊，姑姑清楚的告訴她這個行業不長久，結婚後就必須辭職，不是可靠的行業，所以，被迫放棄這個既自由又有趣的職業選項。

她聽從姑姑的建議，選擇就讀五專的外語系，畢業之後即將赴日與姑姑同住，學習經營日貨銷售的生意。我爲她感到驕傲，能夠赴日發展，拓展生活的視野，站在既有的家族事業往上衝，多令我欣羨啊！雖然我們彼此互留住址與聯絡電話，但也僅止於幾張賀卡的往來之後，就全然失去音訊了。

有人說茉莉隨姑姑前往日本，後來嫁給了日本人；有人說曾在機場看過她，穿著日本航空的制服和一群空服員排隊出關；也有人說，她是某個知名日系連鎖百貨的董娘，眾說紛紜，而我，始終沒能再與她聯繫上。

那次，重回王家厝，如今此地已洋樓別墅林立，村前的小小土地公廟，被改建成輝煌氣派的廟宇，寺廟周圍的大樹依舊，經過半世紀的洗禮益增風華，已是粗壯根鬚茂密的珍貴老樹。這裡有許許多多的兒時記憶，未因歲月的增遞流轉而淡忘。我與茉莉已四十年未見，不知，她可好？她是否曾回到此地，是否曾在這棵老榕樹下，也回憶著我們的當年呢？

啞女阿花

村莊裡頭住進了一個啞女人，不知是從何處搬遷到這村子居住，沒有人清楚緣由，就連出租這棟由穀倉改建而成矮屋的房東，也對她的身世一無所知，只知道是個中年婦女出面租下這矮房，將她安置於此。

這個啞女穿著的服飾層層疊疊，大熱天穿著長衫加長褲，長褲外頭又卡著一件及膝的百褶裙，前胸掛著一個粉紅色毛線鉤織成的小娃娃，披著亂及腰際的散髮，腳上踩著左右高度不同的黑跟鞋，獨自一人在水圳邊來回行走。遇見盛開的野花野草，就會停下腳步與他們比手畫腳一番，好像在對花花草草吐露著一段綿遠細長的故事。

偶爾順手摘起路旁的大紅花，就往自己那蓬鬆打結的髮鬢上插，逢人就咿咿呀呀的點頭嘻笑，遇到正玩著捉迷藏的孩子，也會開心的加入躲藏的行列，只是，小孩子們見她到來卻一哄而散，一溜煙的消失了，因爲從她身上所飄出的那股奇特味道，總會讓人不敢靠近。看著小孩避她唯恐不及的嫌惡模樣，落寞的眼神透露出些許無奈。

她的出現引起了不小的騷動，身世頓時成為村裡面東家長西家短的熱門話題。有人說她曾是豪門千金，父母為她招贅了一門婚事，遊手好閒的夫婿除了坐享金山銀堆快活之外，甚至幾次豪賭後輸光家業，為了躲避黑道債主的追殺，才隱姓埋名在這個偏遠的鄉村，她的失神樣態，也許是受巨大打擊使然，至於她的啞，是先天缺陷抑或後天造成的，可就無人能下斷言了。

也有人說，她曾是在茶店仔上班的小姐，由老闆一手捧紅的搖錢樹，賺足了錢之後打算從良生活，而茶店仔的老闆由愛生恨，竟然以夾竹桃下毒，讓她從此精神耗弱，連聲帶也受損變啞了。

更有人瞻前顧後神祕兮兮低聲的說，這啞女人是被人家欺騙當了細姨，借腹生子之後，支付了一筆錢給為她坐月子的兄嫂，大某及先生旋即帶孩子遠走國外，從此杳無音訊，受不了那青天霹靂的打擊，遂成了現今的模樣。

這些流言蜚語的故事相去十萬八千里，誰也無法了解眞相為何？只能任由閒逸之人增添各種臆測，穿鑿附會捕風捉影成為鄉野傳奇的一齣戲。

啞女人似乎對花情有獨鍾，獨自在鄉間採摘五顏六色的鮮花，有時整頭插滿了盛開的扶桑花，有時將牽牛花當成髮箍，自得其樂地發出低低的丫丫聲，累了就蹲坐在水邊，對著水面左顧右盼欣賞自己的倒影，然後開心地拍著沾滿泥沙的雙手。一頭淩亂的髮絲任風恣竄，油亮亮的口紅勾勒出厚唇大口，層層疊疊的裙襬沾滿了黑泥漿，長衫的衣角濕了一大截，長褲腳也被密密麻麻的鬼針草占領，她卻一點兒也不在意，站起來拍拍屁股，又繼續尋找著菜園裡的瓢蟲。

頭上的花兒掉了又插，插了又落，她手忙腳亂的拾弄著花，彷彿是隻玩著毛線球的貓兒，十分專注，百玩不膩，要不是一陣巨大雷聲驚嚇了她，肯定是無法停止她與花兒的對手戲。疾馳而來的西北雨擾亂了下田工作的農人，紛紛趕忙荷鋤回草寮裡躲雨，貪玩的小孩子則被大人拿著「秀ㄕㄟˊ阿」咻咻咻的一路追趕回家，倒是狗兒趁機在斗大的雨珠中狂奔甩耳晃毛，興奮的放肆沖澡。

雨中，她自在地且走且停，雨水洗滌了她的臉，梳理了她的髮垢，也沖淨了衣上的沙泥，將一臉唐突的妝容還原素顏本色，這冰涼的雨，讓她的眼神有了亮度。拖著一身濕重的衣裳，舉步沉重，索性將腳下一高一低的跟鞋奮力一踢，鞋隨著湍流的河水載沉載浮，在河彎處旋轉幾圈後遠離了視線。她赤著腳踩著泥和著水，踉蹌著步履回到那泥磚矮房。

雨過天青，菩薩心腸的阿水嬸戴著斗笠，右邊彎著手腕提著一個大鉛桶，裡面擺放著水晶肥皂及粉紅色大輓巾，左腋下夾著一套碎花衣，一跛一跛的走進啞女人的屋裡。不一會兒就提著一大鉛桶濕漉漉的衣服，撩起褲管挽起衣袖蹲在井邊洗滌。

瘦小的阿水嬸，使勁的扭著清洗後的厚重衣褲，擰得手上的老人斑及青筋都張牙舞爪活絡起來。她甩了甩發酸的手，趕緊將這些衣物攤曬在簷下的竹竿上，看著隨風飄動的衣服她滿意的笑了，露出了一顆閃亮亮的金牙齒，隨即又奮力的壓著幫浦，打了一鉛桶水進屋裡去。

不知何時，啞女已換上了阿水嬸自己剪裁縫製的花布衣及五分褲，她盪著腳丫坐在門前的長椅凳上，讓阿水嬸梳理著用水晶肥皂清洗過的髮絲，她們倆嗯嗯啊啊的比手畫腳，彷佛是兩隻在路上相遇的螞蟻，努力舞動著敏銳的觸角來傳遞彼此的訊息，在她們無言的世界裡溝通彼此能意會的情節。

阿水嬸用她那乾癟且布滿皺褶的雙手，將微濕的細髮輕輕巧巧地抓起，一綹穿過一綹的爲她紮起兩條草辮丫。梳理完畢，啞女穿著和阿水嬸同花色的碎花衣褲，穿著藍白拖鞋，一同緩緩的走向菜園。

脂粉未施，衣物簡樸乾淨的啞女，沐浴過後的她看起來是個二十出頭的少女。白皙的皮膚，濃密的眉，細細的鳳眼，微挺的鼻，肥厚的唇，豐滿的胸，纖細的腰，筆直的腳，她這不算出色的臉蛋配上高挑的身形，倒也不失清秀佳人的模樣，與黝黑又乾癟瘦小的阿水嬸依偎在一起，形成了一幅對比強烈卻又柔和溫馨的畫面。

菜園旁的綠籬，扶桑花開得豔紅燦爛，啞女踮起腳尖，摘了好幾朵樹頂端的大紅花，慢條斯理的往自己黑黝黝的辮子上插，也往阿水嬸灰白的圓珠包頭髮髻上插。阿水嬸笑哈哈的，嗯嗯啊啊的揮著手，示意不敢繫上大紅花，她倆嬉嬉鬧鬧了好一陣子，看得正在農忙的做田人停下手中的活兒，回過頭指著她倆笑著。他們給啞女取了個新的稱呼——阿花丫。

夕陽西下，一高一矮的身影，小碎花衣衫被風吹得鼓了起來，扶桑花也沉睡在她們的髮辮裡。阿水嬸牽著啞女的手，心中盤算著，明日一早要趕緊去採摘金銀花藤，用它來當她的髮飾，她一定會看到一抹純眞的笑容！

阿花ㄚ有了阿水嬸的照料，除了會摘花玩樂之外，也會幫忙掃掃地、種種菜、拔拔草，至於阿水嬸呢，自從老伴作仙了以後，在七個兒子之外又多撿了一個可以比手畫腳聊天的小女兒。

儘管啞女的身世始終是個謎，她的遭遇連阿水嬸也無法參透，但在無聲的世界裡，無法言語的溫情與關愛在她們彼此的心間存藏著。

姨丈

大阿姨家的四周被稻田包圍著，圍牆的外頭就是一畦畦的稻田，春天的時候，稻秧新綠，飲著春雨沐著春風，充滿了活力；孟夏時節，放眼望去是綠油油的稻毯，南風輕吹翻湧成稻浪，層層起伏著綿延的綠意；秋風送爽，金黃的飽滿的穀粒，以淡淡的稻香迎人，豐收的氣息在麻雀吱吱喳喳的歌聲裡傳頌著；冬天，收割後的稻田，清新的視野，有著天寬地闊的無垠，一座座的稻草堆仔佇立在田邊角落，像是朵巨大的野菇，頂著傘狀的外形，也像沙漠中的山丘，草垺成了孩子們爬草堆、溜草堆的遊樂場。

在廣大的曬穀場旁，一棵枝幹強壯，樹葉茂密的蓮霧樹佇立在一隅，每當夏季時會結滿紅咚咚的蓮霧，有的順著枝條垂落在低處，有的高高的掛在樹頂枝頭，迎著陽光閃閃動人，鮮豔欲滴，狗兒伸長身子貼著地，趴在樹下乘涼休息，耳朵卻仍高度警戒著，是努力在看守著即將成熟的蓮霧，不讓覬覦它的人偷偷採摘吧！夏天翻曬稻穀時，清風徐來，果樹輕搖枝葉，爲曬穀的婦女帶來一陣陣涼意，茂密的樹蔭，是她們避暑小憩的一方天地。累了，渴了，在竹竿上頭綁上鐮刀，割取飽滿鮮紅的蓮霧，順手往身上的衣服擦拭一下，隨即享用最鮮甜可口的蓮霧，這可是曬穀時候最美好的享受。而一旁嬉鬧的孩子，見大人開始採摘蓮霧，也學小猴子爬樹，靈活的攀上樹椏間，東挑西選的尋覓著果子王，將碩大的蓮霧塞滿口袋及褲袋，才心滿意足的坐在樹下大口啃著樹頭鮮。

圍牆邊，是一塊方整的甘蔗園，每次一進到阿姨家，我都會跑到甘蔗園，用小手去丈量甘蔗的每一節，觀察它是否又長高了，因爲姨丈告訴我，如果甘蔗一節一節都變長了，等到過年的時候，就可以砍下來吃了。不過那些長得彎彎不夠直挺的甘蔗，會被姨丈先砍下來，我開心地坐在蓮霧樹下，以大門牙咬下紫色的甘蔗皮，細細嚼著微黃的甘蔗，吸吮甜蜜蜜的汁液，再奮力的把渣吐出來堆成一個小山丘，敏銳的螞蟻陸陸續續被吸引來了，成群的鑽進甘蔗渣堆裡，享食蔗渣的香甜餘韻，但一個不小心，沉浸甜蜜世界的螞蟻失去戒心，就會一命嗚呼，全被野放的公雞啄食吞嚥下肚。

每當冬日，寒風四起，甘蔗細長的葉片互相摩擦，發出窸窸窣窣的聲響，暮色轉暗卻仍不見姨丈和爸爸的蹤影，讓我不由自主的胡思亂想，害怕從甘蔗園中會躲藏小偷，擔心青竹絲會鑽進來屋內避寒，更掛記著魔神仔會不會趁機出來嚇人，我的一顆心七上八下，一直在門邊引頸期盼，希望大人的蹤影快點現身。直到天黑，在田裡耕種了一整天的巨人，總算彎著腰駝著疲憊的身軀出現，他們的影子被月光拉得好細好長，屋旁的大紅花也婆娑起舞，好似與我一樣，歡欣鼓舞的迎接姨丈和阿爸回來。

姨丈是個殷實勤勞的農夫，清晨，天才微微光就起床，穿著破汗衫，捲起褲管，戴著斗笠，肩披發黃的汗巾，手提著一大茶壺的茶米茶，腰間繫著花布巾包裹的便當，快步荷鋤往他的田地出發，展開一天的農忙。阿爸和姨丈都是敬業的農夫，會一起討論種植水稻的方法，也會一起分享採收的瓜果與蔬菜，農忙時期就互相支援農事，每當爸爸到姨丈家幫忙的時候，我則被寄放在大阿姨家。

當插秧、除草、收割這些費時耗力的農作開始，我也成爲小助手，幫忙大阿姨把點心和茶水送到田裡給姨丈和阿爸，而他們會將點心裡面最精華的美食留給我，油飯裡的滷蛋總是以筷子刺著，要我拿著慢慢吃；仙草加糖水的點心，也把仙草留給我，看我大口大口的吃著，一旁的大人也開心的笑著。

當我提著空籃和水壺回家時，沿路採摘田埂上盛開的野花，將艷麗的花花草草放進提籃中，準備送給小兔子，幫牠們布置個美麗的小窩，希望能舒舒服服地享用草餐，睡個安穩的覺，別總是被隔壁老牛的哞哞聲嚇到瑟瑟發抖，盡是往牆邊的角落躲藏。

牛棚裡的這頭水牛被姨丈飼養多年，脾氣溫和，相當有靈性，喜歡和熟人親近，最喜歡吃甘蔗草。姨丈和牠默契絕佳，水牛拖犁耙加碌碡，把水田抹平，才能準備插秧，水牛跟姨丈工作的節奏相符，構成一幅力與美的畫面。耕田完畢，姨丈感謝的拍拍水牛說：「眞乖！今仔日有認眞工作哦！」而水牛的以圓滾滾的大眼睛望著姨丈，神情好像在對主人撒嬌，十分有趣。

姨丈非常疼惜他的水牛，每年的冬至，是耕牛的生日，他會請阿姨準備湯圓與煮熟的番薯給老牛食用，還會在牛的額頭與牛角上黏湯圓慶祝，這天當然會讓老牛好好休息一天。這頭牛和姨丈有著旁人無法理解的感情，會定期幫牠洗澡，夏天會在牛棚點蚊香驅趕蚊蠅；天氣寒冷時會多準備一點嫩草，爲牠鋪上乾爽的稻草，也會在寒流時節讓牠晚出早歸。他常拍拍牛背，摸摸牛角，把牠當成至親好友一般對待。

傍晚，我赤腳在田裡玩耍，姨丈也會問我想不想騎牛兜兜風？雖然我知道老牛很聰明，脾氣很溫馴，但，我就是沒那個膽子，只能依偎在爸爸和姨丈身旁，和他們一起牽著牛漫步走回家。

夏天時節，菜園裡的長豆豐收，總喜歡跟前跟後，看著阿姨和左鄰右舍的婦人一起燙長豆，再將加鹽燙熟的豆條，一根根攤開放在竹筏上曬，如果遇上西北雨，我得趕緊幫忙收拾正在曝曬的豆乾。當長豆被太陽烘乾漸漸轉成咖啡色之後，陣陣豆香飄滿整個曬穀場時，大家的臉上充滿了驕傲與收穫的喜悅。

冬日，滿田肥嫩的蘿蔔，一根根拔起，洗淨、剖半加鹽曝曬製作蘿蔔乾，我的小腳丫會勤快的幫忙踩著漬鹽的蘿蔔，將它們按壓入醬缸。蘿蔔乾的風味，隨著日曬起變化，風味日漸獨特，菜脯的香氣愈久愈發濃郁，眞是奇特啊！年紀雖小，可也是阿姨身旁的小助手，常被婆婆媽媽們豎起大拇指稱讚，誇我聰明又靈巧呢！

大阿姨的家是婦人們聚會的好場所，因爲她家有碾米機，也有磨粿機，當然大灶及大蒸籠一樣也不少，於是逢年過節要製作粿時，阿姨家總是擠滿了人。

元宵節時，我會幫忙搓湯圓，最喜歡將「紅花米」加進白嫩嫩的粿裡面染色，捏成一小塊一小塊再放入小小的掌心，細細的搓揉成一顆顆又圓又亮的紅湯圓，心中滿是興奮；清明時節，大人們製作草仔粿，就到田裡採摘鼠麴草，好讓粿裡有著芳香的青草味，也會幫忙摘下黃槿心型的葉子，當成炊粿的襯墊，黃槿的葉子加熱後散發出特殊的味道，「粿葉樹」盛裝著粿仔，更增添了清新的香氣；五月節要綁粽子時，把一張又一張的竹葉清洗乾淨，晾乾，再幫竹葉抹上一層油，將它們交由大人包裹粽子；七月半的時候，就去採摘野薑花的葉子，作出香氣誘人的紅豆鹼粽；十月半是村子作大戲的日子，炊菜頭粿、芋頭糕、發糕、鹹粿……大家忙得汗珠滿額，汗流浹背，小孩子卻樂開懷，有各式各樣的糕點可以大快朵頤了。

到了過年的前夕，忙著蒸年糕、發糕、蘿蔔糕、紅龜粿……這時候，大人就不讓孩子在現場幫忙，把我們趕得遠遠的，連添柴火的工作也免責。左右鄰居家裡這一年來有喪事的，更是不可在蒸糕粿的時候去別人家裡走動，因爲此時特別敏感，如果小孩子在旁邊說了不得體的話，紅龜粿及發糕就會蒸糊了，若是服喪的人來訪，那年糕肯定會蒸壞了。由於過年時炊粿的禁忌特別多，因此，識時務者爲俊傑，我就會在院子逍遙玩耍，遠離庖廚，以免惹來無妄之責怪。

每當阿姨的灶跤開始升火炊煮時，就搬出姨丈以樹頭作成的小板凳，坐在蓮霧樹下開始作畫，以泥沙地為畫布，樹枝為畫筆，偌大的曬穀場就是我的畫室，偶爾也會有意外的訪客，幾隻從雞舍飛竄逃出的公雞，會側著頭佇足畫作旁，高聲的喔喔喔叫，好像在對畫作品頭論足一番呢！當整個曬穀場被畫作占滿之後，微風會貼心的為我做清理，好讓下一幅的大作有空間繼續上演。

累了，就爬到番石榴樹上尋找成熟的果實，坐在樹椏吃著香氣獨特的紅心芭樂，好不愜意！等到煙囪陣陣炊煙漸漸歇息時，我趕緊放下手邊的玩樂，搬著板凳進到屋裡，那條小黑狗也會趁機尾隨到屋裡頭，牠也知道糕粿已蒸熟，可以享用剛出爐的點心了。

大阿姨會把蒸得不夠完美的發糕讓我先食用，我一邊吹散熱氣，一邊將糕粿往嘴裡送，熱騰騰的發糕有著甜甜的滋味，Q彈又鬆軟，每吃一口，腳邊的黑狗就會張口討食，但總會被大阿姨作勢驅趕出去。此時，牠一定在外頭眼巴巴的流著長長的口水。

隨著時序推移，我也進入小學就讀，除了放假日之外，能到大阿姨家閒晃的時光日漸遞減。姨丈也因年邁而將田地轉售給他人耕作，但仍然天天牽著老牛在田邊吃草，他捨不得賣掉這頭多年來陪伴耕田的老牛。而這個偌大的庭院，每逢春耕秋收時，仍會借給附近的農人，作爲擺放秧苗或堆放稻穀使用，曬穀的時候，庭院老宅又恢復了往日的生氣與風采。

大阿姨跟著表哥到城市幫忙帶孫之後，鄰家婦人前來碾米、磨漿、做粿的景象已不復存在。大姨丈愈來越孤單，傍晚，常會騎著老鐵馬來找爸爸聊聊天，他倆一起坐在龍眼樹下話家常。每每留他一起用晚餐時，他總是連忙起身告辭，在回家前總會摸摸我的頭，對我笑一笑，示意要好好讀書，隨即踩著他的鐵馬回家了。

他是寡言卻慈愛的長輩，自從被招贅之後，一肩扛起照顧大阿姨肚子裡那遺腹子的責任，把表哥視如己出的照顧，每天早出晚歸，不曾看過他疾言厲色，也因此，表哥尊敬他如親生父親一般。

姨丈幾乎一年四季都不曾踏出村外，日日夜夜辛苦勞碌，村裡舉辦的各種遊覽行程，他從未參加過，只因放不下田事與家務。當田地賣掉之後，表哥特地爲他安排一趟東部的旅遊，苦口婆心拐著姨丈去參加，姨丈卻心繫老牛的三餐而放不下心。直到爸爸擔保，在他旅行期間鐵定會好好照顧老牛，絕不讓牠餓著，姨丈才稍稍放心，跨出人生的第一趟過夜旅遊。左鄰右舍也開心的拍胸脯保證，絕對會盡心盡力照顧姨丈，讓他玩得開心又盡興，要大阿姨及表哥放千千萬萬個心。

我們把姨丈出遊視爲一件大事，特別爲他感到高興，因爲姨丈終於肯出門旅遊享享清福，但也不免擔心，從未在外過夜的他，少了老牛的陪伴，他會不會失眠睡不著呢？姨丈出門前夕，還問我要買什麼等路回來？我不假思索開心的說：「只要是玩具糖果餅乾，我都喜歡！」姨丈笑著直點頭，要我乖乖等他回來，一定會帶很多糖果餅乾回來。

那幾天，我比誰都期待著姨丈的歸期，因爲，我知道姨丈平時非常節省，但對於我的等路，是不會小氣的，我開始幻想著如何與同伴分享這些糖果餅乾呢！但是，天有不測的風雲，人有旦夕禍福，萬萬想不到，命運竟如此無情。

生平第一次出遊的姨丈，旅途中卻在交通不便，醫療資源不足的東部，患了急性盲腸炎。生性能忍也不想麻煩別人的他，一路隱忍著，竟然因此耽擱了黃金的醫療時間，把寶貴的生命葬送在異鄉了。他開心乘著遊覽巴士出遊，卻被救護車運送回冰冷僵硬的遺體。

當車停在院子前的田埂路頭時，他的遺體經過熟悉的曬穀場時，老牛甩頭跺腳哀號，想必牠早已感應到愛牠的主人已經化爲魂魄，靜靜坐在院子裡的某個角落，注視著他親愛的親友，仔仔細細把此生的點點滴滴回想著。他應該會拍拍老牛的粗厚的背，要牠好好守護這個家吧！

院子裡不知何時飛來了幾隻烏鴉，停在屋頂上嗚嗚呀呀的悲鳴，屋裡的人泣不成聲，屋外的我們早已淚流滿面。不敢令人置信的事實，硬生生的逼著我們去向悲傷俯首，這些沉痛的記憶，不曾因時間流逝而淡忘。

如今，大院子早已轉賣建商，蓮霧樹早已被伐，昔日老家已夷爲平地，一棟棟鄉野別墅林立，昔日田埂也已成花園小徑，花香取代了稻香，白鷺鷥仍在池塘邊的老樹築巢，獨缺老牛低頭吃草的身影。人世間的物換星移，總是不著痕跡吞噬了回憶的所在，仍留在心間的些許甜蜜與輕愁，盡是彌足珍貴的雪泥鴻爪，春泥落花，人生幾何？小舟向晚霞，浪聲依舊，人事已非，所有的愛恨情仇終成空，但被疼惜的那份情，烙印於心。

姨丈，雖然您已離開數十年，我未曾忘懷您，如今爸爸也啓程前去找尋您，您們是否相逢了？是否依然在龍眼樹下繼續話家常呢？

河童

台一線道路旁邊的那家雜貨店，一直是村民茶餘飯後聚會及交換訊息的場所。雜貨店的老闆娶來新媳婦時，左右鄰居、大人小孩更是將新娘房外頭擠得水洩不通，彷彿像是村民齊聚在村子有電視的人家裡，萬頭攢動只爲觀賞一場世紀性的棒球冠亞軍爭奪轉播賽。

打從新娘子自禮車輕挪移步開始，就已註定她將成爲大家茶餘飯後討論的焦點。她眉清目秀，皮膚白皙，身材與面貌皆姣好的女子，與這農村裡婦女的氣息，有著天壤之別的落差。她，嫁入這純樸的農莊，似乎讓與豔陽搏鬥的男人注入一股熱血燙漿，眼神總不經意往他身影投射，卻也讓鎮日與農田家事爲伍的村婦，擦撞出了幾許嫉羨的火苗。

這年輕的新嫁娘，長得甜美打扮入時，總是讓人忍不住多看幾眼，連半大不小的孩童也是一樣，喜歡到店裡去抽玩具買糖果，喜歡喚年輕的老闆娘爲：

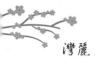

嬸嬸新娘子。東一聲「嬸嬸新娘子」，西一聲「嬸嬸新娘子」，叫得她笑聲盈盈，整屋子都溢著春天花朵的香氣。

看著她臉上鋪著香粉、圈著胭紅，眼睛周圍上了淡藍色的眼影，身上飄著淡淡的脂粉香氣，聽著細跟高鞋踩在磨石地板得ㄎㄧㄎㄧㄍㄧㄚㄍㄧㄚ的聲響，新奇的感受著城市女人才有的妝容樣貌，怎不令人想多逗留在她身邊一會兒呢？好像多駐足就能沾染這獨特的亮麗氣息。她的加入也為雜貨店帶來熱鬧的氛圍，生意總是絡繹不絕，店門口更聚集了聊天泡茶的閒暇人士，儼然，新娘子已經是成為村子裡頭最柔媚的月色。

沒有人知道新娘子嬸嬸的名字，我們喜歡這樣稱呼她，她也總是回應我們燦爛的笑意，時而會請我們一些新奇的小糖果，她對小孩子是熱情友善的，我們總能從她眼裡的神采得知。她喜歡坐在櫃檯邊修手指甲，再為十隻指甲擦上豔紅的色彩，指甲油料輕輕悄悄的滑過片片指甲，柔和的臉龐有朵暈染開的花朵似也，趴在櫃台一隅，我們看得出神了。亮紅的指甲讓她修長的手指顯得更纖細，紅色的指甲襯得冰清的膚色更加雪白滑嫩，她是村裡凝香的花妍。

新娘子嬸嬸看我們緊盯著她看，心血來潮邀我們每人伸出一根手指頭，細心的幫我們塗上紅咚咚的顏色。這上了色彩的指甲，彷彿是偷了天邊彩虹裡的豔紅仙子，可以讓我們在同學中炫耀許久，即使色彩斑駁仍不捨得拭去。

一年過後，新娘子嬸嬸產下了白白胖胖的小男嬰，這小男嬰滿月時，村頭村尾分送著油飯紅蛋，家家戶戶都沾染著喜氣，大家一到店裡頭，也爭相抱起小男嬰逗弄一番。這小男嬰白白胖胖的，有一對溜溜轉的大眼睛，見人就笑更是深得長輩的歡心，笑起來還有咿咿呀呀的聲音，手腳隨意舞動時像極了跳舞的小仙童，讓一屋子的客人總是流連忘返。

新娘子不知哪來的靈感，把這小男嬰取名為——煙如，我這半大不小的孩子，對於名字沒有太多想法，心中卻泛著嘀咕，因為煙如要用閩語發音著實拗口！大姊姊們倒認為「煙如」這名字，有點像愛情小說故事裡的人物。

放學時，我們刻意改走河邊的路隊行列，這樣就能順勢彎進雜貨店，一來，可以買買糖果，和朋友共同分享零食；二來，能和新娘嬸嬸拉拉雜雜說上幾句，也能和煙如玩上一會兒，這對我們而言，是樂趣十足的放學時光。大人總說煙如是生意子，愛笑又不怕生，將來一定可以接下祖傳家業，是天生的頭家命。

我們喜歡抱著他到商店後院曬穀場玩，讓他坐上蜘蛛車滑行，我們追著跑。他也七手八腳迅逃，一群孩子就同一個踉蹌學步的嬰孩玩個咯咯大笑，新娘子嬸嬸也一旁守護著這竄得無厘頭的胖小子，母親的慈愛溢於笑裡。煙如玩累了，一股腦兒滑衝撲向媽媽的腳邊，新娘子嬸嬸一把掬起小壯丁，銅鈴般的笑聲和著珍珠般的口水在暮靄中揚著，那是無邪眞純的樂音劃記。

「姐姐，抱！姐姐，抱！」這稚氣與撒嬌的童言，展開雙手靠緊身旁的依戀，任誰也無法抗拒，爭相恐後的將煙如搶入懷裡，搶得頭籌的人總是又親又抱愛不釋懷。而這小傢伙果眞眼巧，不一會兒又歪身示意要投入另個人的懷抱，等到輪完一圈後，自顧自地溜了下來，挑了個零食塞進嘴裡，又忙著轉身揀起另個糖果往姐姐們的嘴裡塞，小手忙著重複揀糖果，姐姐們也配合的張口討吃。

待一一表演完餵食秀之後，自己開心又蹦又跳拍著小手歡呼著，大家都誇善解人意的他，長大以後身邊一定有眾多美女圍繞呢！新娘嬸嬸也開心地答著：那我家的戶限也要築高一點才擋得住喔！我們都期待他快快長大，好奇的揣度著他未來的新娘子，是不是也像新娘嬸嬸一樣迷人？

這是個謎，一個猜不透的謎，也是永遠無法解開的謎。當他失足墜落河裡再被撈起遺體時，早已不復那稚氣頑皮的模樣，浮腫的身軀殘酷的宣示著死神的勝利。這謎底就已沉沒黯無止境的海流，永遠無法解謎，他爲何會墜落到河裡頭？爲什麼沒有人發現？沒有監視器的年代，誰也調查不出來眞相。在悽愴悲戚的那夜，村裡的電視話語也啞然，村頭村尾的狗嚎撕心淒厲，他們是送行者嗎？爲來不及長大的煙如送行。

新娘子嬸嬸的暱稱與他的消逝一同埋葬，而喧囂熱鬧的店門口也悄然靜默，他如一縷青煙飄然轉身，而愁雲卻困住了新娘子嬸嬸，儘管大人總安慰她還年輕，要生幾個都不成問題。但是，河依舊奔流日日夜夜，成爲河童的你，留給我們的記憶，又何嘗不是歲歲年年呢？嬸嬸的眉宇笑顏隨著河童而流逝，自責利劍始終鋒利的漫舞著，刺痛著她的心，終日抑鬱沉悶，患了一種名爲憂鬱症的病。那天，我們終於知悉嬸嬸的名字——靜月，藥袋子載著斗大的名字。

長大後心理漸漸明白，煙如，如煙。從何處來？要往何處去？遇見，只因路過人間。走過，煙痕纏繫於心間，我依然記得那暖心的小手直送嘴裡的糖，屋前的河，仍流淌著，河童，如煙凡間。

她的情人

言悵然，何妨靜遇山嵐起，秋風聚，了然煩心愁。她，優雅中散發著狂傲的熱力，慧黠的眼神總善解他人心念。靜默時，倚斜欄，凝望遠山，寂然的眸子，映著輕愁，手中煙草的味道圈養著相思，一縷縷恣意地漫入眼簾。她，憶起那山，那海，那人。

那人，不戀山，不眷海，卻伴著她一起探山望海。那山，不高，天晴遠眺，海岸線的連綿懾心田；夜晚俯瞰，燈火閃爍妝點浪漫的城市，偶遇的流星，急馳驟逝，似乎刻意遺棄他倆許下的心願。她依戀著他，他呵護著伊，而山忠誠的刻劃他倆的笑語，封存流淌的熱淚，烙印下相戀的曾經。

山如是靜默，綠得如此平和，不帶任何色彩睨人，給予蒼生於此平等自在的吐納、喘息、漫心。她，愛上山色，愛上這似山的男人，困惑在糾結的山神魔咒。那人，敬山，凡塵俗事裡的江湖情仇，在踏入山林淨門之前，已眞眞切切地拋灑於浮沉雲煙之際。赤裸的心舞動著那無邪的笑容，如無染一絲紛雜的透亮水晶，幻化於她一處靜止的空間。就這樣輕輕的依偎，掬一把晨風捎來的香氣，他是溫柔的朝曦，填滿了她心中的空隙，暖了悲涼的傷口；他是如山的情人，儘管這山的寶藏早已蕩然，但，無礙眞愛。

在這個能凝山望海的城市裡，讓她格外迷戀而捨不得出走他鄉。月夜中，牽手行，赤足親吻著柔細沙灘，深深淺淺的腳印，時而踩成兩條平行線，時而譜成糾結的纏綿，如繁星的印記是一首首佇心的歌曲，伴隨潮起潮落的演奏，縈繞著無邊無際的多情海岸。

她喜愛啜著黑咖啡，聽著浪音鷗鳴；那人總以高粱邀月，細數頑劣的童年，笑談血氣方剛的年少，自嘲荒唐無阻的青春，嘆著時運無情地戲弄。他就像個說書人，勇敢的傾訴，卻惹得聽書人笑中帶淚，淚中泛著無盡的愛戀與不捨，自始至終，她是最忠實的信徒。

那年，浪翻湧成夏，夏離秋至，海潮吞噬他倆沙灘上的足跡，獨留那人望海舉杯，不邀月，不說書，他在痴痴的等著，殷殷盼著她的歸期。思念如秋葉，無風思舞，風吹翩然，風戛然而止，痛自根頭蔓延至枝梢，片片葉亦知疼。當霜雪飛降，大地默然，伊人未歸，那人懼山厭海，囚自己於愁城，一杯即醉，最後放聲吶喊，他被愛守護，卻也被愛的歧路而辜負。彷彿路過人間，細數每個並肩依偎，如今卻成爲擦肩而過；路過人間，是否陷入無止境的輪迴？曾經無懼，此時無解，任由相思成海，潮起潮落，日落月昇。

六月笙蕭歌別離。梔子花依舊綻放，盈盈花香滿山徑；五色鳥一身彩衣展翼獨行山林，而海潮依戀著向晚的彩霞，聲聲傳情意。山在，海在，那人消逝光陰的長廊，未留片語獨向遠方。她的淚寄語那山，那海，曾經的所有皆未曾湮滅，只怕被歲月一點一滴蒸發，在心間永存思念的纏繞畫，釀成了一首首淒美的詩篇。

轉角遇見她

這是一家隱身於巷弄的香氛手作工坊，店門口擺滿了綠意盎然的香草植物，屋角的空地上，種了一棵樹形優雅的黃槿，枝椏處還布置了三個小巧可愛的鳥窩，展現著旺盛的生命力向路過的客人招呼著。這家擁有一方小花園的店，早已吸引林辰的注意，只是他總來去匆匆，每次只光顧隔壁的登山用品店，倒不曾進來過這家小店。

前幾天他預訂了新的登山杖，這天，興沖沖的前來取貨，預計明天登山就可派上用場，只是，萬萬沒想到竟然撲了個空，讓他大失所望並且有點懊惱，明明不是公休日卻店門緊閉，怎會如此？不死心的他，準備向隔壁店家詢問一下，於是穿越香草花徑，輕輕推開了淺藍色的大門，這是他第一次踏進這間香氛店。

推開門，竹風鈴傳來柔和平靜的聲音，空氣中漫著淡淡的玫瑰花香，林辰對即將迎接他的店主人萌生了某種期待，是基於好奇，又或者有某種特別的醇素悄悄進入了他的腦海？總之，他胡亂的臆測著，這店裡的主人會是怎樣的一個女子？

聽到風鈴的叮鈴聲，正在調製擴香的店主人，放下手邊的工作，以淺淺的一抹微笑迎接了他，不經意的與她的眼神交會，不是濃眉大眼的她，眼裡流露著慧黠明淨的靈魂，辰頓時閃了神，這眼神熟稔得令他墜入回憶的漩渦中，一時之間卻無法勾勒出腦海深處的影像，讓他足足愣了半晌。

她慢條斯理地問著需要幫些什麼忙？辰回了神，淡定的請問她，是否知道隔壁的登山用品店何時會開門？她的雙眼泛著笑意說著：「今天中午他們員工吃尾牙，要到下午三點才會開門，你來早了！」

辰皺了一下眉，彷彿遇上了難題，他的神情被觀察入微的她看在眼裡，於是主動開口以試探的口吻詢問：「先生，有什麼需要幫忙的嗎？我跟他們店家熟，說不定能幫上你的忙。」他知道她是一個細心又良善的女子，於是也毫不生疏的把遇上的問題向他說明了。

原來，辰的公司也將在下午舉辦尾牙的活動，整個活動結束之後勢必已超過晚上十點，然而登山用品店也打烊了，但他得拿到登山杖，因爲隔天一早登山需要使用，取貨時間上的不巧，讓他不知如何是好？

她聽完他的敘述，明快且爽朗的說：「小事一樁，您撥個電話跟店家交代一下，請他們把登山杖寄放我這兒，您活動結束再過來拿，今晚我得調製一批客人預訂的精油，不會太早下班，你活動結束後就放心來取貨吧！」

辰既驚又喜，閃著愉悅的神采說著：「素昧平生，怎好意思如此麻煩您？應該向你買些產品表示心中的感謝，但是，我不曾使用手工皂，家裡也沒習慣使用擴香，不知該選購何種產品才好？」

她聽了心裡暗自竊笑，卻故作鎮定且認眞的說：「好吧！爲了不讓你感到彆扭，那就買一瓶我特調的精油吧！你若是常登山，它就可以派上用場，夏蚊成雷時不僅可當防蚊液使用，遇上抽筋及肌肉痠疼時更可舒緩症狀，帶著它登山，是最佳的健康守護神喔！」

辰專注的聽著她說話，並不是在評析產品的可信度爲何？是欣賞她說話時自信且陶醉的神情。他轉身將她極力介紹的精油，順手抓了兩瓶，示意付帳，她笑得開懷，開心的表他示他是今早的第一個客人，自製的產品打八折優待。他倆都意會到彼此應該都是講義氣且不囉嗦的性情中人，她再三表示要辰放心，顧客的囑咐使命必達。

辰將兩瓶精油順手放入外套的口袋中，點頭致謝後轉身推門離去，但一看到三個鳥窩掛在枝椏上，心中的好奇驅使他再度轉身入門，疑惑的問著：「門口那棵枝葉茂密的樹叫什麼名字？會吸引鳥兒來棲息嗎？」

她看著辰認眞的說著：「它是黃槿，喜歡生長在海邊，會開鮮嫩的黃花，暗紅色的雌蕊，小時候常會被我們拿來當指甲油塗，它的嫩心葉，摘下黏在耳朵，扮家家酒時會將它拿來當耳環用。而成熟的圓心形葉片，加熱以後會散發出特殊的香味，在鄉下炊粿的時候，我們會去摘來當襯墊材料，我們也叫它『粿葉樹』，您曾聽過嗎？」

辰神情木然地說：「我叫林辰，也是鄉下長大的孩子，這樹在小時候好像似曾見過，但並不太認識，今天總算知道它叫黃槿了，也稱作『粿葉樹』，眞是神奇的植物。那你呢？怎麼稱呼您？」

「程婧，朋友會叫我小程，也會叫我婧，都可以。」

「程婧，登山杖就麻煩您先幫我收起，晚上見。」

林辰恭恭敬敬的點頭，帶著笑意步出店門，低下頭仔細欣賞了這株優雅的粿葉樹，還輕輕的摸了摸翠綠的葉片，隨後將大衣的拉鍊帶上，漫步離去。婧，透過玻璃門目送他的身影。

這個男人是今天生活中的漣漪，因爲他同她一樣，對黃槿樹產生了情感的連結，這棵有著兒時甜蜜回憶的家家酒樹，讓她每日看三回，每看一遍就會湧起無數的靈感，這對於她的精油調製是有很大的助益，常能跳脫出框架，調製出獨一無二的香氣。

附近店家按照既定的營業時間打烊了，程婧仍忙碌著，用心的調製著客人指定的精油。一陣緩緩的敲門聲，驚擾了專注工作的她，抬頭一看，是辰，果然依約來取貨了，她轉身將櫃檯上的登山杖取下，旋即開了門，將物品遞給了等候門外的他。

辰左手接過婧手中的貨品，接著將右手中的提袋交給了婧，她有些遲疑了。他緊接著解釋：「今天麻煩您了，聚餐後順手帶了一份點心，請笑納！這是野薑花粽，滿滿的古早味，你應該會喜歡，趁熱吃了吧！」

「舉手之勞，何需如此客氣呢？不過，這野薑花粽葉的味道眞讓我懷念，很久以前我也常買呢！總之，很感謝你的點心，祝你明日登山愉快。」婧說完，將粽子捧在手心，猛然吸了一口粽香，有著糯米及油蔥的香氣，她側著頭瞇起了眼，彷彿沉浸在某個故事的情境裡。

辰露出滿足的笑靨，朝婧揮手道別，信步踩著月色離去，他知道，這份點心在她的心中已經多了一份溫雅的滋味了。

風鈴花

曾經有個男孩，在鳳凰花開的時節，頂著熾熱的夏陽，踩著ㄎㄚㄌㄚ作響的腳踏車前來，從車把手上將玻璃風鈴遞給了我，祝賀畢業順風！滿是笑容的他是如此陽光，俊俏的臉龐閃耀著青春氣息，靦腆而斷斷續續的祝福話語是這麼的眞切，手中的風鈴有著他最珍重的祝福。

那是一串泛著淡藍色的風鈴花，將它掛在書桌前的窗邊，陽光灑落時閃著微笑的亮彩，風輕輕地吹，花籤輕輕搖曳，旋即清亮的聲響隨處飄揚，如此清脆優美，享受著風中的歌，忘卻了酷暑的赤炎。

在每個微風徐徐的夜晚，我常望著搖曳的風鈴靜默而思，風吹鈴，鈴聲動，憶起那份心繫，總想著，他是否也在窗前掛上一串風鈴？風鈴捕捉了風中的訊息，你是否聽見了？

我在風鈴花上添了幾抹雲彩，想著你時能邂逅雲淡風輕；我在風擋書箋上書寫柔柔的詩句，句句化爲思念的風語，紀念這一份初萌芽卻斷訊的情誼。風中的浪漫，讓恬恬淡淡的夢隨著噹噹而響的鈴聲滑入心海，靜靜的駐留方寸之間。

荏苒的時光帶不走青澀的思念，在日本的神社與色彩斑斕的風鈴相遇，它以清涼的音色相迎，倒碗狀造型下繫著一張張寫滿心願的小紙籤，清風撩人也波動一頁頁的籤曳，輕揚旋舞，繚繞心田，曾經擁有的那串風鈴花如繪。

或百或千的風鈴應風邀約，纖細、優美的樂聲讓人感受到風的吹拂。夏日鈴響彷若禪音，拂塵忘憂，除瘴解厄，洗滌紛亂的心靈；夏夜的神社與光影，是風鈴悅音的演繹樂場，是初心祈願的寓所。薰風起，心間的風鈴花，期待轉角的相遇。

國家圖書館出版品預行編目資料

灣麗／陳曦著.　--初版.--臺中市：白象文化事業有限公司，2023.03
　面；　公分
ISBN 978-626-7253-52-6（平裝）
1.CST：陳曦 2.CST：回憶錄

783.3886　　112000336

灣麗

作　　者　陳曦
校　　對　洛軒
封　　面　許家妍
插　　圖　李亞寧
攝　　影　盧美蘭
　　　　　黃崇珍
發 行 人　張輝潭
出版發行　白象文化事業有限公司
　　　　　412台中市大里區科技路1號8樓之2（台中軟體園區）
　　　　　出版專線：（04）2496-5995　傳真：（04）2496-9901
　　　　　401台中市東區和平街228巷44號（經銷部）
　　　　　購書專線：（04）2220-8589　傳真：（04）2220-8505
專案主編　陳婕婷
出版編印　林榮威、陳逸儒、黃麗穎、水邊、陳婕婷、李婕
設計創意　張禮南、何佳諠
經紀企劃　張輝潭、徐錦淳、廖書湘
經銷推廣　李莉吟、莊博亞、劉育姍、林政泓
行銷宣傳　黃姿虹、沈若瑜
營運管理　林金郎、曾千熏
印　　刷　基盛印刷工場
初版一刷　2023 年 3 月
定　　價　320 元

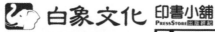